Język koreański dla Polaków, **część 2**

폴란드인을 위한
한국어

2

KB272601

집필진

장소원　서울대학교 국어국문학과 교수

김성규　서울대학교 국어국문학과 교수

전영철　서울대학교 국어국문학과 교수

Anna Paradowska　바르샤바대학교 한국학과 교수

Romuald Huszcza　바르샤바대학교 동아시아언어학과 교수

남수경　서울대학교 인문학연구원 연구원

채숙희　서울시립대학교 국제교육원 객원교수

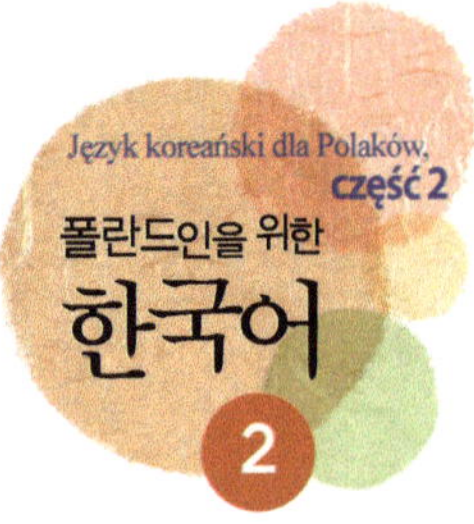

1쇄 발행　2011년 9월 15일

2쇄 발행　2022년 12월 12일

지은이　장소원 · 김성규 · 전영철 · A. I. Paradowska · R. Huszcza · 남수경 · 채숙희

펴낸이　박찬익

펴낸곳　㈜박이정 **주소** 경기도 하남시 조정대로45 미사센텀비즈 8층 F827호

전화 031)792-1195 **팩스** 02)928-4683 **홈페이지** www.pjbook.com

이메일 pijbook@naver.com **등록** 2014년 8월 22일 제2020-000029호

ISBN 978-89-6292-277-6 (세트)
　　　978-89-6292-278-3(14710)

* 책값은 뒤표지에 있습니다.

This work was supported by the Academy of Korean Studies Grant funded
by the Korean Government(AKS-2009-LB-2001)

Język koreański dla Polaków, część 2

폴란드인을 위한 한국어 2

장소원 · 김성규 · 전영철 · A. I. Paradowska · R. Huszcza · 남수경 · 채숙희

도서 출판 박이정

머리말

　　한국이 경제적으로 성장하고 문화와 예술이 발전하면서 세계적으로 한국어를 배우려는 열기가 뜨겁다. 외국어로서의 한국어 교육의 역사도 50년이 넘어가면서 큰 변화를 겪고 있고 그 중심에 교재가 자리하고 있다. 범용 교재의 한계를 넘어 언어권별 교재나 특수 목적 교재, 현지 특화 교재 등이 편찬되고 있는 것이다.

　　서울대학교 한국어문학연구소는 2009년 한국학중앙연구원이 '문화한국'의 이미지 제고와 한국학의 정체성 확보에 기여할 목적으로 공모한 한국학진흥사업에 〈폴란드 한국학 전공 학부 · 대학원생용 교육과정 및 교육자료 개발〉이라는 제목의 연구 과제를 응모하여 선정되었다. 이는 글로벌 한국학 교육과정 및 교육자료 개발 사업의 일환으로 서울대학교 한국어문학연구소가 폴란드의 바르샤바대학 한국학과와 협정을 맺고 폴란드에서의 한국학 교육을 육성하여 세계와 소통하는 한국학을 정립하는 데 일조하는 것을 목적으로 하고 있다.

　　3년에 걸쳐 시행되는 이 연구 사업을 위하여 전체 연구진은 『폴란드인을 위한 한국어 회화 교재』팀과 『폴란드인을 위한 한국학 강독교재』팀으로 나뉘었다. 폴란드 대학 학부과목인 〈실용한국어〉와 석사과목인 〈한국학강독〉의 교육과정을 개발, 제안하며 각각의 교재로 활용될 『폴란드인을 위한 한국어』 1, 2, 3권과 『폴란드인을 위한 한국학(가제)』 1권, 이들 각각에 대한 교사용 지침서를 개발할 것을 목표로 설정한 것이다.

　　지난 1월 『폴란드인을 위한 한국어』 제1권을 출판한 이래, 다시 후속 작업에 박차를 가하여 이제 『폴란드인을 위한 한국어』 제2권을 출판하게 되었다. 그 동안 폴란드인 집필자인 바르샤바대학의 Anna Paradowska 교수는 한국을 방문하여 국내 연구진과 긴밀한 협동 작업을 하였고 집필진에 Romuald Huszcza 교수가 새롭게 참여하는 등 크고 작은 변화가 있었지만 모두 더욱 바람직한 한국어 교재를 편찬하려고 노력했음에는 의심의 여지가 없다. 이제 전체 3권으로 계획된 폴란드인을 위한 한국어 교재는 고급 수준의 회화서인 제3권 한 권만을 남겨두게 되었다. 각 권마다 생생한 표준 한국어 발음이 녹음된 CD가 첨부되고 교사용 지침서가 별도로 개발되면 폴란드의 대학 한국학과는 물론이며 어떠한 기관의 한국어 강좌에서도 편리하고 효율적인 한국어 학습이 가능할 것으로 믿는다.

　　한국과 멀게만 느껴지던 폴란드에 폴란드인만을 위한 맞춤형 교재가 개발될 수 있었던 것은 전적으로 한국학중앙연구원의 한국학진흥사업 덕분이다. 앞으로도 각 언어권별, 국가별로 다양한 한국어 회화 교재가 출판될 수 있기를 기대하면서 전혀 수익을 예상할 수 없는 상황임에도 불구하고 제1권에 이어 기꺼이 제2권의 출판을 수락해 주신 도서출판 박이정의 박찬익 사장님과 편집부 분들께 감사의 마음을 표한다.

2011년 9월
『폴란드인을 위한 한국어 2』 저자 일동

Przedmowa „Język koreański dla Polaków, część 2”

Dynamiczny rozwój gospodarczy Republiki Korei i rosnące zainteresowanie jej kulturą i sztuką wpłynęły na znaczne zwiększenie liczby chętnych do nauki języka koreańskiego. Nauczanie języka koreańskiego jako języka obcego ma już pięćdziesięcioletnią tradycję, a w centrum zainteresowania tej dyscypliny znajdują się podręczniki do nauki języka. Ostatnio opracowuje się podręczniki przeznaczone wyłącznie dla użytkowników danego języka lub opracowane w celu kształcenia określonych umiejętności. Pozwala to pozbyć się ograniczeń, jakie narzucały podręczniki przeznaczone dla wszystkich uczących się koreańskiego, niezależnie od wyznaczonych przez nich celów.

Instytut Języka i Literatury Koreańskiej w Państwowym Uniwersytecie Seulskim podjął się trudnego zadania, jakim jest opracowanie - w ramach prowadzonego przez Akademię Studiów Koreanistycznych projektu „Koreanistyka światowa" - programu nauki języka koreańskiego i materiałów dydaktycznych, przeznaczonych dla studentów koreanistyki studiów I oraz II stopnia w Polsce. W ramach tego projektu, Instytut Języka i Literatury Koreańskiej we współpracy z Sekcją Koreanistyki Zakładu Japonistyki i Koreanistyki Wydziału Orientalistycznego Uniwersytetu Warszawskiego przystąpił do realizacji wydania podręczników, dzięki którym będą mogły być urzeczywistnione główne założenia tego projektu, a mianowicie promowanie studiów koreanistycznych w Polsce.

Podczas pierwszych trzech lat trwania projektu jego uczestnicy pracowali w dwóch zespołach, z których pierwszy zajmuje się opracowaniem trzyczęściowego podręcznika „Język koreański dla Polaków" przeznaczonego dla studentów studiów licencjackich, drugi zaś koncentruje się na zredagowaniu podręcznika do przedmiotu „Teksty źródłowe" („Zagadnienia koreanistyczne dla Polaków") przeznaczonego dla studentów studiów magisterskich.

W styczniu 2011 roku ukazała się pierwsza część podręcznika „Język koreański dla Polaków", a obecnie oddajemy do rąk Czytelników jego część drugą. Prace nad drugą częścią jego współautorka dr Anna Paradowska kontynuowała na miejscu w Seulu wraz z koreańskimi współautorami, a w międzyczasie do zespołu autorskiego dołączył prof. Romuald Huszcza. Po ukończeniu drugiej części podręcznika zespół autorski ma obecnie przed sobą zadanie pomyślnego ukończenia jego części trzeciej, wieńczącej projekt kompendium praktycznej nauki języka. Do każdej części podręcznika zostanie dołączona płyta CD z nagraniami lektorów, posługujących się standardową koreańszczyzną, obowiązującą w Republice Korei. Każda część podręcznika będzie ponadto uzupełniona o instrukcje dla prowadzących zajęcia. Autorzy mają nadzieję, że podręczniki te będą wykorzystywane zarówno podczas zajęć uniwersyteckich jak i w ośrodkach prowadzących kursy języka koreańskiego.

Opracowanie serii niniejszych podręczników dla polskiego odbiorcy stało się możliwe dzięki inicjatywie Akademii Studiów Koreanistycznych i wsparciu przez nią całego projektu. Pragnieniem całego zespołu autorskiego jest, aby przedsięwzięcie to przyczyniło się do zbliżenia naszych dwóch, geograficznie jakże odległych od siebie, krajów.

Zespół autorski składa w tym miejscu serdeczne podziękowania Panu Chan-ikowi Parkowi, Dyrektorowi Wydawnictwa *Pakijeong* oraz osobom odpowiedzialnym za stronę techniczną publikacji.

Wrzesień 2011
Autorzy podręcznika „Język koreański dla Polaków, część 2"

차례

교재 구성표 Spis treści

Lekcja	Tytuł	Sytuacje	Funkcje	Gramatyka i wyrażenia	Słownictwo
5	제가 진수 대신에 미하우 씨를 도와 드릴게요	비행기 (samolot) 환전 (wymiana waluty) 환영하기 (powitanie) 버스표 구입 (zakup biletów autobusowych)	음식 주문하기 (zamawianie w restauracji) 환전하기 (wymiana waluty) 버스표 구입하기 (zakup biletów autobusowych) 추측한 이유 표현하기 (komunikowanie domniemanej przyczyny) 선후관계 표현하기 (komunikowanie następczości/ uprzedniości)	· Z1-(으)ㄹ 테니까 Z2 · V-(으)면 되다 · N밖에 · N1을/를 N2(으)로 바꾸다 · N 대신(에) · Z1-기 전에 Z2 · V-다가	음식 (słownictwo związane z jedzeniem) 환전 (słownictwo związane z wymianą waluty) 인사말 (słownictwo związane z powitaniem)
6	음식이 입에 맞을지 모르겠어요	방문 (odwiedziny) 저녁 식사 (kolacja) 교통 (środki transportu) 기숙사 사무실 (biuro domów studenckich)	교통편에 대해 묻고 답하기 (rozmowa o środkach transportu) 기숙사에 대해 설명하기 (wyjaśnienia dot. pobytu w akademiku) 의향 묻기 (pytania o zamiar, zamierzenie) 선택 표현하기 (komunikowanie możliwości wyboru) 조건 표현하기 (komunikowanie warunku)	· V/A-(으)ㄹ지 · N1(이)나 N2 · V-(으)ㄹ래요 · Z1-(으)려면 Z2 · N에 대해(서) · N1(이)랑 N2 · Z1-거나 Z2	지하철 (słownictwo związane z podróżą metrem) 기숙사 (słownictwo związane z akademikiem) 생활용품 (nazwy artykułów codziennego użytku)
7	기숙사에서 살아 본 적이 있어요?	룸메이트 (współlokator) 기숙사 구경 (zwiedzanie akademika) 가족사진 (zdjęcie rodzinne) 수강신청 (rejestracja na zajęcia)	시설에 대해 묻고 답하기 (rozmowa o wyposażeniu akademika) 외모와 성격에 대해 설명하기 (opisywanie wyglądu i charakteru) 추측 표현하기 (komunikowanie przypuszczenia) 선후관계 표현하기 (komunikowanie następczości/ uprzedniości) 경험에 대해 묻고 답하기 (rozmowa o doświadczeniach)	· Z1-(으)ㄹ 텐데 Z2 · V-고 나서 · V-(으)ㄴ 적이 있다 · A-아/어 보이다 · N와/과 닮다 · N-적	기숙사 시설 (słownictwo związane z wyposażeniem akademika) 성격 (słownictwo nazywające cechy charakteru) 인터넷 (słownictwo związane z korzystaniem z Internetu)
8	주말에 같이 경복궁에 놀러 가기로 했어요	기숙사 식당 (stołówka w akademiku) 국제전화 (rozmowa międzynarodowa) 휴대전화 (telefon komórkowy) 일기 (pamiętnik, dziennik)	맛에 대해 묻고 답하기 (rozmowa o gustach kulinarnych) 전화에 관해 묻고 답하기 (rozmowa o sprawach związanych z korzystaniem z telefonu) 전화로 이야기하기 (rozmowa przez telefon) 일기 쓰기 (pisanie pamiętnika) 비교하여 말하기 (porównania)	· 덜 V/A · V-아/어 있다 · V-기로 하다 · V-ㄴ다/는다 · A-다 · N-이다 · V/A-았다/었다 · N-이었다/였다 · V-(으)ㄹ 것이다	식당 (słownictwo związane ze stołówką, restauracją) 전화 (słownictwo dotyczące rozmowy telefonicznej)

Spis treści

Lekcja	Tytuł	Sytuacje	Funkcje	Gramatyka i wyrażenia	Słownictwo
13	통장을 만들려고 왔는데요	기념품 가게 (sklep z pamiątkami) 미용실 (zakład fryzjerski) 은행 (bank)	기념품에 대해 묻고 답하기 (rozmowa o pamiątkach, upominkach) 머리 모양 설명하기 (opisywanie fryzury) 통장 개설에 대해 문의하기 (pytania o procedury związane z zakładaniem rachunku) 추측 표현하기 (komunikowanie przypuszczenia) 경험에 대한 생각 표현하기 (komunikowanie opinii dot. przeszłych doświadczeń)	· V/A-(으)ㄹ 줄 알았다 · V-아야겠다/어야겠다 · 어디나, 언제나 · V-나 보다, A-(으)ㄴ가 보다 · V-아/어 보니(까) · V-(으)ㄹ 수 있을지 걱정이다	기념품 (słownictwo związane z zakupem pamiątek) 머리 모양 (słownictwo dotyczące fryzury) 통장 개설 관련 표현 (wyrażenia związane z otwarciem rachunku bankowego)
14	저기 보이는 식당에 가 볼까요?	미팅 (randka w ciemno) 식당 (restauracja) 초대 (zaproszenie) 생일 파티 (przyjęcie urodzinowe)	자기소개하기 (przedstawianie się) 음식에 대해 묻고 답하기 (rozmowa o jedzeniu) 초대하기 (zapraszanie)	· 아무리 V/A-아도/어도 Z · 한 N도 안/못 V · V-이/히/리/기- · V/A-(으)ㄴ는 편이다 · V/A-거든(요) · N-(이)라도 · V/A-잖아(요)	전공 (słownictwo związane z kierunkiem studiów) 음식 (słownictwo związane z jedzeniem) 생일 관련 표현 (słownictwo związane z obchodzeniem urodzin)
15	지금이라도 신물을 보낼까 해	우체국 (poczta) 친구 사진 (zdjęcie kolegi, koleżanki) 스터디 (koło naukowe)	디자인과 색깔 설명하기 (opisywanie fasonu i kolorystyki) 소포 보내기 (wysyłanie paczki) 제안하기 (propozycje) 계획 표현하기 (komunikowanie planów) 후회 표현하기 (wyrażanie żalu) 상태 표현하기 (komunikowanie stanu, okoliczności)	· V-(으)ㄹ까 하다 · V/A-았을/었을 때 · V-(으)ㄹ걸 (그랬다) · V/A-다니(요)?, N-(이)라니(요)? · V-고 있다 · V-는 대신(에)	옷 (słownictwo dotyczące ubioru) 우체국 관련 표현 (słownictwo związane z pocztą)

1과

바르샤바는 폴란드의 수도입니다

- 명소 (słynne miejsca, zabytki)
- 위인 (wielcy i sławni ludzie)
- 위치 (lokalizacja)
- 바르샤바와 서울의 역사 (historia Seulu i Warszawy)

본문 I

track 01

표트르	나영 씨, 여기가 문화과학궁전이에요.
이나영	와, 정말 멋있는 건물이에요.
표트르	문화과학궁전은 바르샤바에서 제일 높은 건물이에요. 이 건물 전망대에 올라가면 바르샤바를 다 볼 수 있어요.
이나영	그렇군요. 올라가서 보고 싶어요.
표트르	같이 올라갑시다. 제가 가서 표를 사 올게요.

* * *

이나영	우와, 정말 멋있어요. 저기 멀리 공원이 있네요.
표트르	네. 그곳은 와지엔키 공원이에요.
이나영	저 건물은 백화점이에요?
표트르	아니요. 저 건물은 백화점이 아니고 중앙역이에요.
이나영	그래요? 참 크네요.

미하우	진수 씨, 코페르니쿠스가 누구인지 알아요?
김진수	그럼요. 지동설을 주장한 사람이지요?
미하우	네, 맞아요. 어떻게 알았어요?
김진수	한국에서 과학 시간에 배웠어요.
미하우	그렇군요. 저기 동상이 있지요? 저 동상이 코페르니쿠스의 동상이에요.
김진수	아, 그렇군요.
미하우	그럼 퀴리 부인도 알아요?
김진수	물론이지요. 노벨상을 받은 과학자지요?
미하우	네, 맞아요.
김진수	폴란드에는 유명한 사람들이 많네요.
미하우	맞아요. 쇼팽하고 요한 바오로 2세도 유명해요.

어휘와 표현

Słownictwo i wyrażenia

문화과학궁전	Pałac Kultury i Nauki
과학	nauka; nauki ścisłe, przyrodnicze
궁전	pałac
제일	najbardziej, naj-
전망대	taras widokowy, taras obserwacyjny
올라가다	wchodzić na, wspinać się na
표	bilet
멀리	daleko (w dali)
그곳	tam, tamto miejsce
중앙역	dworzec główny, dworzec centralny
코페르니쿠스	Mikołaj Kopernik
지동설	teoria heliocentryczna
주장하다	twierdzić, utrzymywać
동상	pomnik, posąg
퀴리 부인	Maria Skłodowska-Curie
노벨상	nagroda Nobla
과학자	uczony, naukowiec
요한 바오로 2세	Jan Paweł II

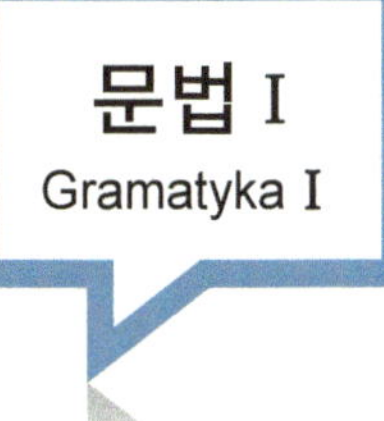

문법 I
Gramatyka I

1 N에서 가장/제일 A 'być najbardziej A w N', 'być naj- A w N'

Konstrukcja '가장/제일 A' 'być najbardziej A', 'być naj- A' komunikuje znaczenie stopnia najwyższego przymiotnika i występuje często w schemacie zdaniowym typu 'N에서 가장/제일 A' 'być najbardziej A w N', 'być naj- A w N'. '가장' oraz '제일' są przysłówkami poprzedzającymi przymiotnik, N zaś często oznacza miejsce, grupę.

지원 씨가 우리 반에서 제일 착해요.

코끼리가 이 동물원에서 제일 커요?

이 드레스는 이 가게에서 가장 비쌉니다.

◎ N 중에서 가장/제일 A 'być najbardziej A wśród N', 'być naj- A spośród wszystkich N'.

Schemat zdaniowy 'N 중에서 가장/제일 A' ma podobne znaczenie co schemat 'N에서 가장/제일 A', ale dotyczy samego zbioru obiektów N, co można tłumaczyć na polski jako "w zbiorze N coś jest najbardziej A spośród obiektów zbioru".

지원 씨가 친구들 중에서 제일 착해요.

산 중에서 에베레스트 산이 제일 높아요.

마렉은 제 친구 중에서 가장 키가 큽니다.

2 V-아/어 오다

Czasownikowa konstrukcja 'V-아/어 오다' ma charakter rezultatywny i komunikuje znaczenie przybycia, przychodzenia po dokonaniu czynności wraz z jej rezultatem. Znaczenie to odpowiada polskiemu „przynieść CO" albo „zrobić CO i przyjść z TYM", ale ma znacznie szerszy zakres użycia niż w polszczyźnie, gdyż po polsku wystarczy powiedzieć „kupił jabłka", a nie „kupił jabłka i je przyniósł", „przeczytał książkę", a nie "przeczytał i przyszedł wzbogacony lekturą".

표트르 씨가 시장에서 사과를 사 왔습니다.

언제까지 이 숙제를 해 와야 합니까?

저는 이 책을 모두 읽어 왔습니다.

◎ V-아/어 가다

Czasownikowa konstrukcja 'V-아/어 가다' ma charakter rezultatywny i komunikuje znaczenie oddalenia się, udania się GDZIE po dokonaniu czynności (wraz z jej rezultatem). Znaczenie to odpowiada polskiemu „zanieść CO" albo „zrobić CO i pójść z TYM DOKĄD", ale ma znacznie szerszy zakres użycia niż w polszczyźnie.

이번 파티에 케이크를 만들어 갈게요.

꽃이 참 예뻐요. 좀 사 가세요.

내일까지 이 책을 읽어 가야 합니다.

3 V/A-네요

Czasownikowa i przymiotnikowa końcówka finitywna 'V/A-네요' podkreśla zaskoczenie nadawcy, którego źródłem jest dostrzeżenie jakiegoś stanu, zjawiska bądź zdarzenia.

방이 깨끗하네요.   김치를 잘 먹네요.

물을 많이 마시네요.   날씨가 춥네요.

예쁜 집에서 사네요.

4 N1이/가 아니고/아니라 N2이다 'TO nie jest N1, a N2'

Schemat zdaniowy 'N1이/가 아니고/아니라 N2이다' 'TO nie jest N1, a N2' jest zaprzeczeniem zdań imiennych w pełnej postaci z dodatkiem podkreślonego (emfatycznego) twierdzenia typu 'X nie jest N1, a N2', 'X to nie N1, a N2'.

이것은 책이 아니고 공책입니다.

이분은 철수 씨가 아니고 민우 씨예요.

저기는 강의실이 아니라 도서실입니다.

저는 미국 사람이 아니라 영국 사람이에요.

5 N인지 알다/모르다 'wiedzieć, że N jest CZYM'/ nie wiedzieć, czy N jest CZYM'

Konstrukcja 'N인지 알다/모르다' komunikuje wiedzę bądź niewiedzę podmiotu zdania co do N. W stylu potocznym po N kończącym się na samogłoskę stosuje się formę skróconą 'Nㄴ지 알다/모르다'.

저는 이 단어가 무슨 뜻인지 몰라요.

어떤 분이 김 선생님인지 모르세요?

무슨 얘긴지 모르겠어요.

저분이 누구인지 아세요?

저분이 누군지 아세요?

어휘와 표현
Słownictwo i wyrażenia

가장 najbardziej, naj-	케이크 ciasto, tort
반 klasa w szkole (grupa)	공책 zeszyt
코끼리 słoń	도서실 czytelnia
동물원 ogród zoologiczny, zoo	영국 Wielka Brytania, Anglia
드레스 sukienka	단어 słowo, wyraz
가게 sklep	뜻 znaczenie
중 wśród, spośród	얘기 opowiadanie, mówienie O
에베레스트 산 Mount Everest, Czomolungma	

연습 I
Ćwiczenia I

1 〈보기〉와 같이 대화를 완성하세요. Dokończ dialogi według wzoru.

> **보기**
> A 옷을 사고 싶어요. 어디가 싸요?
> B <u>동대문시장이 제일 싸요</u>. (동대문시장)

(1) A 한국 기념품을 사고 싶어요. 어디가 많아요?
    B ___________________________. (인사동)

(2) A 만두를 먹고 싶어요. 어디가 맛있어요?
    B ___________________________. (서울식당)

(3) A 대전에 가야 돼요. 뭐가 빨라요?
    B ___________________________. (KTX)

(4) A 영화를 보고 싶어요. 뭐가 재미있어요?
    B ___________________________. ('엽기적인 그녀')

2 〈보기〉와 같이 알맞은 것에 O 하세요. Zaznacz prawidłową formę.

> **보기** 우리 집(에서, 중에서) 제가 제일 키가 커요.

(1) 제 친구들(에서, 중에서) 마렉 씨가 제일 인기가 많아요.

(2) 이 식당(에서, 중에서) 뭐가 제일 맛있어요?

(3) 서울(에서, 중에서) 이 건물이 가장 오래되었어요.

(4) 저기 있는 사람들(에서, 중에서) 요안나 씨가 제일 예쁜 것 같아요.

3 〈보기〉와 같이 문장을 완성하세요. Dokończ zdania według wzoru.

> **보기** 사진을 <u>찍어</u> 오세요. (찍다)

(1) 숙제를 ___________ 오세요. (하다)

(2) 김밥을 ___________ 가세요. (만들다)

(3) 책을 ___________ 오세요. (빌리다)

(4) 꽃을 ___________ 가세요. (사다)

4 〈보기〉와 같이 문장을 완성하세요. Dokończ zdania według wzoru.

> **보기**　　　　　　　　날씨가 참 **좋네요**. (좋다)

(1) 진수 씨가 저기에 ＿＿＿＿＿＿＿. (있다)

(2) 비가 ＿＿＿＿＿＿＿. (오다)

(3) 신발이 너무 ＿＿＿＿＿＿＿. (작다)

(4) 바람이 많이 ＿＿＿＿＿＿＿. (불다)

5 〈보기〉와 같이 대화를 완성하세요. Dokończ dialogi według wzoru.

> **보기**　　A　저 사람은 마렉 씨지요?
>
> 　　　　　　B　아니요, 마렉 씨가 아니고 얀 씨예요. (얀 씨)

(1) A　이건 불고기지요?

　　B　아니요, ＿＿＿＿＿＿＿＿＿＿＿. (삼겹살)

(2) A　저기가 남산이지요?

　　B　아니요, ＿＿＿＿＿＿＿＿＿＿＿. (관악산)

(3) A　시험이 목요일이지요?

　　B　아니요, ＿＿＿＿＿＿＿＿＿＿＿. (수요일)

(4) A　미하우 씨 생일이 내일이지요?

　　B　아니요, ＿＿＿＿＿＿＿＿＿＿＿. (모레)

6 〈보기〉와 같이 문장을 완성하세요. Dokończ zdania według wzoru.

> **보기**　오늘은 수요일이 아니라 목요일이에요. (수요일, 목요일)

(1) 강의실은 ＿＿＿＿＿＿＿＿＿＿＿. (302호, 304호)

(2) 저 사람은 ＿＿＿＿＿＿＿＿＿＿＿. (마렉 씨, 얀 씨)

(3) 이 나라는 ＿＿＿＿＿＿＿＿＿＿＿. (프랑스, 스페인)

(4) 이 건물은 ＿＿＿＿＿＿＿＿＿＿＿. (도서관, 박물관)

7 〈보기〉와 같이 문장을 완성하세요. Dokończ zdania według wzoru.

> 보기 시험이 언제인지 알아요? (시험, 언제)

(1) ________________ 알아요? (저 사람, 누구)

(2) ________________ 알아요? (저기, 어디)

(3) ________________ 알아요? (나영 씨 전화번호, 몇 번)

(4) ________________ 알아요? (미하우 씨 생일, 며칠)

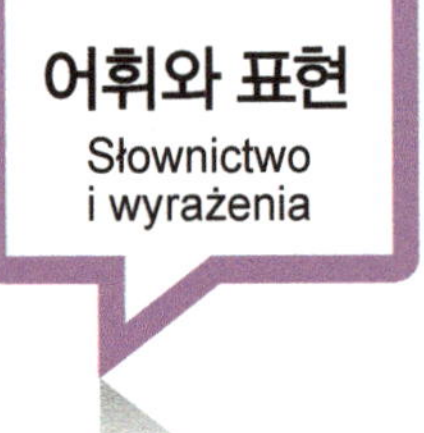

어휘와 표현
Słownictwo
i wyrażenia

동대문시장 bazar *Dongdaemun*

인기 popularność

인기가 많다 być popularnym,
　　　　　　 cieszyć się powodzeniem

오래되다 być od dawna, istnieć od dawna

삼겹살 boczek (bekon)

남산 góra Namsan *(Namsan)*

관악산 góry Gwanak *(Gwanaksan)*

스페인 Hiszpania

전화번호 numer telefonu

번 numer kolejny (CZEGO)

본문 II

이나영 미하우 씨, 성십자가 교회가 어디에 있는지 알아요?

미하우 네. 학교에서 아주 가까워요. 걸어서 갈 수 있어요.

이나영 성십자가 교회가 왜 유명해요?

미하우 쇼팽의 심장이 있어서 유명해요.

이나영 그렇군요. 퀴리 부인 박물관에도 걸어서 갈 수 있어요?

미하우 네. 조금 멀지만 걸어서 갈 수 있어요.

이나영 쉽게 찾을 수 있어요?

미하우 글쎄요. 조금 어려울 거예요. 밖에서 보면 박물관이
아니라 집인 것 같아요.

이나영 건물이 무슨 색이에요?

미하우 1층은 하얀색, 2층, 3층은 갈색이에요.
지도를 보면 찾을 수 있을 거예요. 못 찾으면 관광 안내
센터에 가서 물어보세요.

어휘와 표현
Słownictwo i wyrażenia

성십자가 교회 Kościół Świętego Krzyża

교회 kościół (najczęściej protestancki)

심장 serce (w anatomii)

색 kolor

층 piętro

하얀색 biel, biały kolor

갈색 brąz, brązowy kolor

지도 mapa, atlas, plan (miasta)

관광 안내 센터 centrum informacji turystycznej

관광 turystyka, zwiedzanie

안내 informowanie, naprowadzanie, kierowanie; informacje, wskazówki

센터 centrum, ośrodek

김진수　바르샤바는 언제 폴란드의 수도가 되었어요?

표트르　1596년에 수도가 되었어요.
　　　　서울은 언제 수도가 되었어요?

김진수　서울은 1394년에 수도가 되었어요. 그런데 그때는 나라
　　　　이름이 '한국'이 아니고 '조선'이었어요.

표트르　그러면 서울에는 오래된 건물들이 많아요?

김진수　아니에요. 1950년에 한국전쟁이 일어났어요. 3년 동안
　　　　전쟁을 해서 서울의 오래된 건물들이 많이 파괴되었어요.

표트르　그래요? 바르샤바도 마찬가지예요.
　　　　2차 세계 대전 동안 도시의 80%가 파괴되었어요.

김진수　서울과 바르샤바는 공통점이 있네요.

어휘와 표현
Słownictwo
i wyrażenia

그때 wtedy

조선 Królestwo *Joseon* (1392-1910)

그러면 więc; skoro tak, to; wobec tego

한국전쟁 wojna koreańska (1950-53)

일어나다 wstawać, wstać, wydarzyć się, powstać

전쟁이 일어나다 wojna wybucha, rozpoczyna się wojna

파괴되다 zostać zniszczonym, ulec zniszczeniu

마찬가지 bycie tym (takim) samym, identyczność

2차 세계 대전 II wojna światowa

공통점 cechy wspólne, zbieżności; podobieństwa

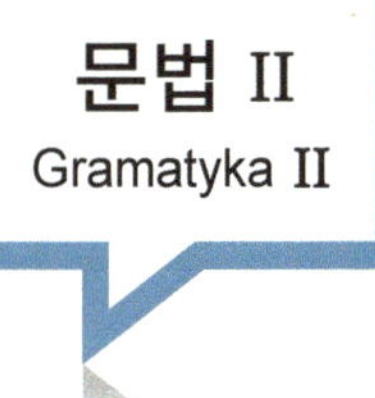

문법 II
Gramatyka II

1 V-는지 알다/모르다 'wiedzieć, że V', 'nie wiedzieć, czy V'

Konstrukcja 'V-는지 알다/모르다' komunikuje wiedzę bądź niewiedzę podmiotu zdania co do wystąpienia zdarzenia, faktu, zjawiska, procesu lub stanu V. '-는지' łączy się również z '있다', '없다', '맛있다', '맛없다', itp., które wtedy przybierają postać : '있는지', '없는지', '맛있는지', '맛없는지' .

언제 오는지 모르겠어요.
민수 씨가 언제 한국에 가는지 모르세요?

A 파베우 씨가 어디에 있는지 아세요?
B 아니요. 저는 파베우 씨가 어디에 있는지 모릅니다.

◎ A-(으)ㄴ지 알다/모르다 'wiedzieć, że A', nie wiedzieć, czy A'
Konstrukcja 'A-(으)ㄴ지 알다/모르다' komunikuje wiedzę bądź niewiedzę podmiotu zdania co do wystąpienia cechy lub stanu komunikowanego przez przymiotnik A.

> Gdy temat przymiotnika kończy się na spółgłoskę (poza '으'): A + 은지
> Gdy temat przymiotnika kończy się na samogłoskę: A + ㄴ지
> √ Gdy temat przymiotnika kończy się na '으', '으' zanika, a temat łączy się bezpośrednio z 'ㄴ지'.

무슨 선물이 좋은지 아세요?
어느 가게가 물건이 가장 싼지 아세요?
여기에서 학교까지 얼마나 먼지 잘 몰라요.

2 N1이/가 N2이/가 되다
'N1 staje się/zostaje N2', 'z N1 powstaje/robi się N2'

Schemat zdaniowy 'N1이/가 N2이/가 되다' 'N1 staje się/zostaje N2', 'z N1 powstaje/robi się N2' sygnalizuje początek stanu komunikowanego przez N2 ('N1 zaczyna przybierać stan N2').

파베우 씨는 나중에 훌륭한 선생님이 될 거예요.

그곳은 지금 아주 복잡한 거리가 되었습니다.

제 동생이 벌써 대학생이 되었습니다.

어휘와 표현
Słownictwo
i wyrażenia

어느 który (z wielu)

나중에 później

훌륭하다 być wspaniałym

거리 ulica

연습 II
Ćwiczenia II

1 〈보기〉와 같이 하세요. Utwórz formy według wzoru.

> **보기**
>
> 가다 → <u>가는지</u>
>
> 싸다 → <u>싼지</u>

(1) 읽다　→ ___________　　(2) 먹다　→ ___________

(3) 쓰다　→ ___________　　(4) 빌리다 → ___________

(5) 듣다　→ ___________　　(6) 팔다　→ ___________

(7) 좋다　→ ___________　　(8) 빠르다 → ___________

(9) 쉽다　→ ___________　　(10) 멀다　→ ___________

(11) 맛있다 → ___________　　(12) 없다　→ ___________

2 〈보기〉와 같이 대화를 완성하세요. Dokończ dialogi według wzoru.

> **보기**
>
> A 저 버스가 어디로 <u>가는지</u> 아세요?
>
> B 네. 저 버스는 서울대학교로 가요.

(1) A　시험을 언제 ___________________ 아세요?

　　B　네. 다음 주 목요일에 봐요.

(2) A　한국 사람들이 설날에 무엇을 _________________ 아세요?

　　B　네. 한국 사람들은 설날에 떡국을 먹어요.

(3) A　미하우 씨가 언제 아르바이트를 _______________ 아세요?

　　B　네. 미하우 씨는 수요일에 아르바이트를 해요.

(4) A　영화가 언제 _________________ 아세요?

　　B　네. 영화는 30분 후에 시작해요.

3 〈보기〉와 같이 대화를 완성하세요. Dokończ dialogi według wzoru.

> **보기**
>
> A 운동화를 사야 해요. 어디가 <u>싼지</u> 아세요?
>
> B 학교 앞에 있는 가게가 싸요.

(1) A　영어 사전이 필요해요. 뭐가 _______________ 아세요?

　　B　이 사전이 좋아요.

(2) A 인사동에 가야 해요. 무슨 역이 ______________ 아세요?

    B 안국역이 가까워요.

(3) A 영화를 보고 싶어요. 무슨 영화가 ______________ 아세요?

    B '써니'가 재미있어요.

(4) A 요안나 씨를 만나야 해요. 어디에 ______________ 아세요?

    B 지금 도서관에 있어요.

어휘와 표현
Słownictwo i wyrażenia

설날 Nowy Rok w kalendarzu księżycowym (święto koreańskie)

떡국 *tteokguk* (zupa z kluskami z ciasta ryżowego)

운동화 buty sportowe

연습 Ⅲ
Ćwiczenia Ⅲ

track 03

1 잘 듣고 내용과 같으면 O, 다르면 X 하세요.
Wysłuchaj dialogu. Oznacz symbolem „O" zdania zgodne z treścią dialogu, symbolem „X" – zdania niezgodne z dialogiem.

(1) 나영 씨의 생일은 다음 주 목요일입니다. (　　)

(2) 미하우 씨는 나영 씨 생일에 꽃을 사 갈 것입니다. (　　)

2 잘 듣고 맞는 그림을 연결하세요.
Wysłuchaj dialogu i połącz podane niżej wyrażenia z odpowiednimi rysunkami.

(1) 1층 •　　　　　　　　　　　• (a)

(2) 2층 •　　　　　　　　　　　• (b)

(3) 3층 •　　　　　　　　　　　• (c)

3 친구들에 대해서 이야기해 봅시다. Scharakteryzuj wybraną osobę, układając pytania i odpowiedzi według podanego wzoru.

누가 제일 재미있어요?
누가 제일 키가 커요?
누가 제일 머리가 길어요?
누가 제일 눈이 좋아요?

_______________?

어휘와 표현
Słownictwo i wyrażenia

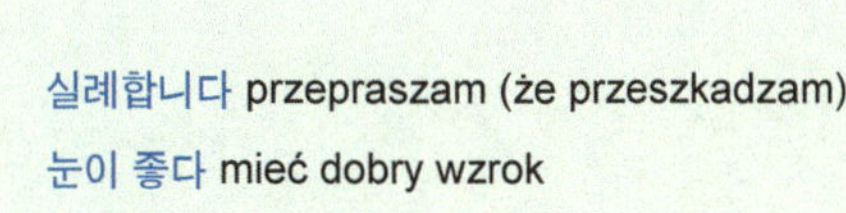

실례합니다 przepraszam (że przeszkadzam)

눈이 좋다 mieć dobry wzrok

2과

아이들이 크리스마스를 무척 기다릴 것 같아요

- 종교 (religia)
- 휴일 (dni wolne)
- 크리스마스 (Boże Narodzenie)
- 명절 (święta)

본문 I

표트르   진수 씨, 일요일 오전에 뭐 해요?

김진수   교회에 갈 거예요.

표트르   한국 사람들도 교회에 다녀요?

김진수   그럼요. 한국 사람의 35%가 기독교 신자예요.

표트르   그래요? 생각보다 많군요.

김진수   폴란드 사람들은 성당에 많이 다니지요?

표트르   네. 맞아요.

김진수   폴란드 사람들도 한국 사람들처럼 일요일 아침에 성당에
가지요?

표트르   네. 천주교 신자들은 일요일 아침에 성당에 가요.
그리고 성당에서 결혼식을 많이 해요.

이나영   폴란드 사람들은 일요일에 뭘 해요?

미하우   한 주 동안 열심히 일했기 때문에 보통 집에서 쉬어요.
그렇지만 젊은 사람들은 휴일에 취미 활동을 많이 해요.

이나영   주로 무슨 활동을 해요?

미하우   영화도 보고 운동도 하고 쇼핑도 해요.
한국 사람들은 휴일을 어떻게 보내요?

이나영   보통은 폴란드 사람들처럼 보내지만 가까운 곳에 놀러 가
는 사람들도 많아요. 그래서 주말에는 이런 사람들 때문
에 길이 많이 막혀요.

어휘와 표현
Słownictwo i wyrażenia

기독교 chrześcijaństwo (głównie protestantyzm)

신자 wierzący

천주교 religia katolicka, katolicyzm

결혼식 ślub

젊다 być młodym

휴일 dzień wolny (od pracy)

취미 zainteresowania, hobby

활동 działanie, działalność

주로 głównie

(휴일을) 보내다 spędzać (dni wolne)

이런 taki

길이 막히다 droga (ulica) jest zakorkowana, zatłoczona

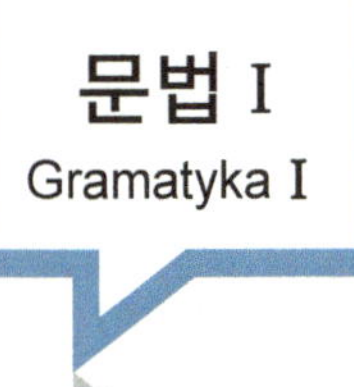

1 Z1-기 때문에 Z2 'z powodu Z1 Z2', 'Z1 jest powodem Z2'

Schemat zdaniowy 'Z1-기 때문에 Z2' 'z powodu Z1 Z2', 'Z1 jest powodem Z2' jest przykładem pełnego zdania przyczynowo-skutkowego, gdzie poprzednik Z1 komunikuje przyczynę, a następnik Z2 – rezultat, skutek. Konstrukcja ta składa się z rzeczownika odczasownikowego zakończonego na '-기' oraz z rzeczownika defektywnego '때문' 'powód, przyczyna'.

저는 외국인이기 때문에 한국말을 잘 못해요.

수업이 있기 때문에 거기에 못 가요.

날씨가 춥기 때문에 코트를 입었습니다.

◎ Schematu zdaniowego '-기 때문에' nie należy używać w zdaniach rozkazujących ani w zdaniach wyrażających zachętę (hortatywnych).

배가 고프기 때문에 빨리 밥을 먹읍시다. (X)

비가 오기 때문에 우산을 가지고 가세요. (X)

2 N처럼 'tak jak N', 'w stopniu N', 'na równi z N'

Używana w konstrukcji porównawczej końcówka '-처럼' sygnalizuje podobieństwo wyglądu, kształtu lub stopnia nasilenia cechy bądź identyczność cechy. Końcówka ta dodawana jest bezpośrednio do rzeczownika N, wskazującego podstawę porównania.

그 아이는 어른처럼 말해요.

진수 씨는 가수처럼 노래를 잘해요.

한국 사람들도 폴란드 사람들처럼 휴일을 보내요.

3 N 때문에 'z powodu N'

Konstrukcja 'N 때문에' 'z powodu N' jest niezdaniowym (rzeczownikowym) okolicznikiem przyczyny.

비 때문에 경기가 취소되었습니다.

어제는 감기 때문에 학교에 못 갔어요.

◎ Konstrukcja 'N 때문에' 'z powodu N' nie może zastąpić konstrukcji 'N이기 때문에' 'z powodu bycia N'.

저는 외국인이기 때문에 한국 문화를 잘 몰라요. (O)

저는 외국인 때문에 한국 문화를 잘 몰라요. (X)

토요일이기 때문에 수업이 없어요. (O)

토요일 때문에 수업이 없어요. (X)

어휘와 표현
Słownictwo
i wyrażenia

외국인 cudzoziemiec, cudzoziemka, obcokrajowiec

코트 płaszcz

가지다 mieć przy sobie

가지고 가다 zanieść, zanosić, zawozić, zawieźć

어른 osoba dorosła, dorosły

가수 piosenkarz, piosenkarka

경기 mecz, zawody

취소되다 zostać odwołanym, usuniętym, wykreślonym

연습 I
Ćwiczenia I

1 〈보기〉와 같이 'Z1-기 때문에 Z2'를 써서 문장을 완성하세요.
Dokończ poniższe zdania zgodnie z wzorem.

> **보기** 시간이 없기 때문에 밥을 못 먹어요.

(1) ______________ 청소를 해요.

(2) ______________ 공원에 가요.

(3) ______________ 택시를 안 타요.

(4) ______________ 노래방에 안 가요.

(5) ______________ 밖에 안 나가요.

(6) ______________ 공부를 해요.

2 알맞은 단어를 골라 문장을 완성하세요.
Uzupełnij poniższe zdania rzeczownikami z ramki.

> **보기** 요리사 운동선수 겨울 미국 사람

(1) 미하우 씨는 __________처럼 영어를 잘해요.

(2) 그 아이는 ___________처럼 빨리 달려요.

(3) 에밀리아 씨는 ___________처럼 음식을 잘 만들어요.

(4) 어제는 __________처럼 추웠어요.

3 다음은 미하우 씨가 쓴 글입니다. 잘 읽고 ____________ 안에 알맞은 명사를 쓰세요. Uzupełnij zdania na podstawie poniższego tekstu Michała.

오늘은 날씨가 아주 좋았습니다. 친구와 같이 놀러 가고 싶었지만 일이 너무 많아서 집에 있었습니다. 다 끝내고 공부를 시작했습니다. 밖에 사람들이 많아서 시끄러웠지만 열심히 공부했습니다.
저녁에 에밀리아 씨가 전화를 해서 숙제가 뭔지 물어봤습니다. 에밀리아 씨도 오늘 바쁜 것 같았습니다.

미하우 씨는 오늘 (1) __________ 때문에 놀러 가지 못했습니다. 일을 끝내고 공부를 시작했습니다. (2) ___________ 때문에 시끄러웠지만 열심히 공부했습니다. 저녁에 에밀리아 씨가 (3) __________ 때문에 전화했습니다.

어휘와 표현
Słownictwo
i wyrażenia

노래방 karaoke

나가다 wychodzić

요리사 kucharz, kucharka

운동선수 sportowiec, zawodnik

달리다 biegać, biec

끝내다 zakończyć CO

물어보다 spytać, zapytać

본문 II

track 05

김진수	폴란드에서 제일 큰 명절이 뭐예요?
표트르	크리스마스예요.
김진수	크리스마스 때 폴란드 사람들은 뭘 해요?
표트르	크리스마스 전날 가족들이 다 모여서 저녁 식사를 해요.
김진수	특별한 음식을 먹어요?
표트르	생선 요리와 바르시치를 먹어요. 그리고 크리스마스 식사 때는 항상 사람 수보다 의자를 한 개 더 놓아요.
김진수	왜요?
표트르	집 없는 사람들이 오면 대접할 수 있으니까요.
김진수	좋은 전통이네요. 식사 후에는 뭘 해요?
표트르	크리스마스 트리 밑에 있는 선물을 풀어서 봐요.
김진수	그래요? 아이들이 크리스마스를 무척 기다릴 것 같아요.
표트르	물론이지요.

어휘와 표현
Słownictwo i wyrażenia

명절 święto	수 liczba
크리스마스 Boże Narodzenie	놓다 położyć, ustawić
때 czas	대접하다 podejmować (gości)
전날 poprzedni dzień	전통 tradycja
모이다 zbierać się	크리스마스 트리 choinka
식사 posiłek	풀다 rozwiązywać, rozpakowywać
바르시치 barszcz	무척 bardzo
항상 zawsze	

김진수   폴란드에서 크리스마스 다음으로 큰 명절은 뭐예요?

표트르   부활절이에요. 이날에도 가족들이 함께 모여서 즐겁게 지내요.
　　　　한국에서 중요한 명절은 뭐예요?

김진수   설하고 추석이에요.
　　　　설은 음력 1월 1일이고 추석은 음력 8월 15일이에요.

표트르   추석은 어떤 날이에요?

김진수   추석은 조상님들께 감사 인사를 드리는 한국 명절이에요.
　　　　이때쯤 곡식과 과일을 수확해요.

표트르   미국의 추수감사절하고 비슷하네요.

김진수   네. 맞아요.

표트르   추석 때는 뭘 해요?

김진수   추석 전날에 가족들이 모두 모여서 송편을 만들어요.

표트르   송편이 뭐예요?

김진수   송편은 반달 모양의 떡이에요. 모양은 피에로기하고 비슷해요.

표트르   추석날에는 뭘 해요?

김진수   추석날 아침에는 조상님들께 차례를 지내요.

어휘와 표현

Słownictwo
i wyrażenia

부활절 Wielkanoc

이날 ten dzień

중요하다 być ważnym, istotnym

추석 święto *Chuseok*

음력 kalendarz księżycowy

조상 przodkowie

님 sufiks honoryfikatywny

감사 podziękowanie

인사 pozdrowienie, życzenia,
　　 powitanie, pożegnanie

곡식 zboże, zboża

수확하다 zbierać żniwa

추수감사절 Święto Dziękczynienia

송편 *songpyeon* (pierożki z ciasta ryżowego)

반달 półksiężyc

모양 kształt

떡 *tteok* (koreańskie ciasteczka/kluski ryżowe)

추석날 dzień *Chuseok*

차례 tradycyjna ceremonia oddawania
　　 czci przodkom

차례를 지내다 odprawiać *charye*

문법 II
Gramatyka II

1 N 때 'w czasie N', 'podczas N', 'w okresie N'

Konstrukcja 'N 때' 'w czasie N', 'podczas N', 'w okresie N' składa się z defektywnego rzeczownika '때' 'czas' dodawanego do rzeczownika nazywającego zdarzenie lub sytuację N.

표트르 씨는 방학 때 고향에 갈 거예요.

장마 때는 비가 많이 옵니다. 우산을 가지고 다니세요.

저는 친구 결혼식 때 노래를 부를 거예요.

2 Z-(으)니까요 'z powodu Z'

Finitywna konstrukcja '-(으)니까요' 'z powodu Z' wskazuje przyczynę sytuacji lub zdarzenia opisywanego przez zdanie Z.

오늘은 송편을 만들어요. 내일이 추석이니까요.

내일부터 학교에 안 가요. 방학을 했으니까요.

요즘 바빠요. 다음 주에 한국으로 유학을 가니까요.

◎ Końcówkę '-요' można dodawać do konstrukcji niefinitywnych tworząc z nich formę finitywną o charakterze adresatywnym (grzeczniejszą względem rozmówcy).

Z-아/어서요
오전에 병원에 가야 해요. 귀가 아파서요.

Z-고요
내일은 진수 씨와 영화를 볼 거예요. 맛있는 음식도 먹고요.

3 V-(으)ㄹ 것 같다 'chyba V', 'wygląda na to, że V'

Konstrukcja 'V-(으)ㄹ 것 같다' 'chyba V', 'wygląda na to, że V' wyraża przypuszczenie nadawcy co do wystąpienia sytuacji opisywanej przez V.

> Gdy temat czasownika kończy się na spółgłoskę (oprócz 'ㄹ'):
> V + 을 것 같다
>
> Gdy temat czasownika kończy się na samogłoskę: V + ㄹ 것 같다
>
> ✓ 'ㄹ' kończące temat czasownika ulega zanikowi przed 'ㄹ 것 같다',
> a temat bez 'ㄹ' łączy się bezpośrednio z 'ㄹ 것 같다'.

길이 많이 막힐 것 같습니다.

우리가 제일 먼저 도착할 것 같아요.

표트르 씨는 매운 음식을 못 먹을 것 같아요.

수업 때문에 못 갈 것 같아요.

◎ A-(으)ㄹ 것 같다 'chyba A', 'wygląda na to, że A'
Konstrukcja 'A-(으)ㄹ 것 같다' 'chyba A', 'wygląda na to, że A' wyraża przypuszczenie nadawcy co do wystąpienia cechy lub stanu opisywanego przez A.

> Gdy temat przymiotnika kończy się na spółgłoskę (poza 'ㄹ'):
> A + 을 것 같다
>
> Gdy temat przymiotnika kończy się na samogłoskę: A + ㄹ 것 같다
>
> ✓ Gdy temat przymiotnika kończy się na 'ㄹ', 'ㄹ' zanika, a temat łączy
> się bezpośrednio 'ㄹ 것 같다'.

시장이 더 복잡할 것 같아요.

비빔밥이 맛있을 것 같습니다.

이번 일은 힘들 것 같군요.

◎ N-일 것 같다 'chyba N jest ...', 'wygląda na to, że N jest ...'
Konstrukcja 'N-일 것 같다' 'chyba N jest ...', 'wygląda na to, że N jest ...'
wyraża przypuszczenie nadawcy co do N.

저분은 교수님일 것 같습니다.

이 차가 진수 씨 차일 것 같아요.

폴란드에서 제일 큰 명절은 크리스마스일 것 같아요.

4 A-게

Niefinitywna końcówka '-게' dodawana jest do tematu przymiotników i służy do tworzenia przysłówków odprzymiotnikowych.

머리를 약간 짧게 잘랐어요.

생강차는 따뜻하게 드세요.

신입생이니까 귀엽게 봐 주세요.

어휘와 표현
Słownictwo i wyrażenia

장마 pora deszczowa	약간 trochę, nieco
유학 studiowanie za granicą	자르다 ciąć, ścinać, kroić
귀 ucho	신입생 nowoprzyjęty student, uczeń, słuchacz
먼저 najpierw	
교수 profesor	

연습 II
Ćwiczenia II

1 알맞은 문장을 골라 〈보기〉와 같이 하세요.
Uzupełnij wypowiedzi, wstawiając niżej podane zdania według wzoru.

> 휴일이니까요.
> 밖은 시끄러우니까요.
> 값도 싸고요.
> 머리가 많이 아파서요.
> 저녁에는 길이 막히니까요.

보기   내일 산에 갈까요? <u>휴일이니까요.</u>

(1) 지하철을 타세요. ___________________________

(2) 이 옷이 예쁘네요. ___________________________

(3) 들어가서 이야기합시다. ___________________________

(4) 수업 끝나고 병원에 갈 거예요. ___________________________

2 〈보기〉와 같이 문장을 만드세요. Utwórz zdania według wzoru.

보기   <u>비가 올 것 같아요.</u> (비, 오다)

(1) ___________________________. (친구, 전화하다)

(2) ___________________________. (길, 막히다)

(3) ___________________________. (아이, 울다)

(4) ___________________________. (미하우 씨, 노래, 잘 부르다)

3 〈보기〉와 같이 문장을 만드세요. Utwórz zdania według wzoru.

보기   <u>배가 고플 것 같아요.</u> (배, 고프다)

(1) ___________________________. (인기, 많다)

(2) ___________________________. (시험, 어렵다)

(3) ___________________________. (신발, 작다)

(4) ___________________________. (옷, 불편하다)

4 〈보기〉와 같이 'V/A-(으)ㄹ 것 같다'나 'N-일 것 같다'를 써서 이어질 문장을 만들어 보세요. Uzupełnij wypowiedzi według wzoru, stosując konstrukcje 'V/A-(으)ㄹ 것 같다' oraz 'N-일 것 같다'.

> **보기**　　비가 많이 오네요. 내일은 날씨가 <u>추워질 것 같아요</u>.

(1) 날씨가 너무 추워요. ＿＿＿＿＿＿＿＿＿＿＿.

(2) 커피를 많이 마셨어요. ＿＿＿＿＿＿＿＿＿＿＿.

(3) 공부를 많이 했어요. ＿＿＿＿＿＿＿＿＿.

(4) 이 책에는 한자가 너무 많네요. ＿＿＿＿＿＿＿＿＿＿＿＿.

(5) A　이건 누구 가방이에요?

　　　B　가방 옆에 나영 씨 우산이 있네요. ＿＿＿＿＿＿＿＿＿.

5 알맞은 단어를 골라 〈보기〉와 같이 바꿔 쓰세요.
Przekształć poniższe zdania według wzoru.

> 예쁘다　　따뜻하다　　쉽다　　맛있다　　크다

> **보기**　　　　요안나 씨는 참 <u>예쁘게</u> 웃네요.

(1) 목소리가 너무 작아요. 좀 더 ＿＿＿＿＿＿＿ 이야기하세요.

(2) 내일은 날씨가 추우니까 옷을 ＿＿＿＿＿＿＿ 입으세요.

(3) 공부를 많이 해서 문제를 ＿＿＿＿＿＿＿ 풀었어요.

(4) 미하우 씨는 라면을 아주 ＿＿＿＿＿＿＿ 끓여요.

6 알맞은 것에 O 하세요. Zaznacz prawidłową formę.

(1) 저는 (춥게, 추운) 날씨를 정말 싫어해요.

(2) 진수 씨가 한국어 문법을 (쉽게, 쉬운) 설명해 줬어요.

(3) 휴일에는 친구를 만나서 (재미있게, 재미있는) 놀아요.

(4) 백화점에 가서 (크게, 큰) 가방을 샀어요.

어휘와 표현
Słownictwo i wyrażenia

값 cena

목소리 głos

설명하다 wyjaśniać

연습 Ⅲ
Ćwiczenia Ⅲ

track 06

잘 듣고 내용과 같으면 O, 다르면 X 하세요.

Wysłuchaj dialogu. Oznacz symbolem „O" zdania zgodne z treścią dialogu, symbolem „X" – zdania niezgodne z dialogiem.

(1) 진수 씨는 지금 미하우 씨하고 떡국을 끓이고 있습니다. ( )

(2) 에밀리아 씨는 폴란드 음식을 만들어 갈 것입니다. ( )

(3) 에밀리아 씨는 이번 주에 시험이 있어서 바쁩니다. ( )

잘 듣고 준수 씨가 어제 한 일을 고르세요.

Wysłuchaj dialogu i zaznacz, co wczoraj robił Junsu.

(1) 요안나 씨에게 전화를 했어요.

(2) 미하우 씨하고 병원에 갔어요.

(3) 요안나 씨 생일 파티에 갔어요.

(4) 몸이 많이 아파서 약을 먹고 잤어요.

3 〈보기〉와 같이 'N처럼'을 써서 친구에 대해서 이야기해 보세요.

Ułóż opowiadanie o wybranej osobie używając formy 'N처럼' według wzoru.

> **보기** 미하우 씨는 <u>한국 사람처럼</u> 한국말을 잘해요.

한국 사람	운동선수
가수	요리사	모델
인형	천사	물고기

____

어휘와 표현
Słownictwo i wyrażenia

괜찮다 być zadawalającym, akceptowalnym, dobrym (często „nie szkodzi, nie ma problemu")

전화를 받다 odebrać telefon

계속 ciągle, nieprzerwanie

모델 model, modelka

인형 lalka

천사 anioł, aniołek

물고기 ryba (w kontekstach pozakulinarnych)

3과

음악 듣는 것을 좋아해요

- 취미 (zainteresowania)
- 태권도 *(taekwondo)*
- 카메라 (aparat fotograficzny)

본문 I

이나영	표트르 씨, 취미가 뭐예요?	track 07
표트르	음악 듣는 것을 좋아해요.	
이나영	어떤 음악을 좋아해요?	
표트르	클래식을 좋아하지만 한국 음악도 자주 들어요.	
이나영	혹시 '사물놀이' 알아요?	
표트르	몰라요. 누가 불렀어요?	
이나영	사물놀이는 노래가 아니에요. 네 가지 전통 악기로 연주하는 음악이에요.	
표트르	아, 그래요? 재미있겠네요. 나도 배워 보고 싶어요.	
이나영	다음에 한국에 오면 내가 사물놀이를 가르쳐 줄게요.	
표트르	어렵지 않아요?	
이나영	네, 어렵지 않아요. 사물놀이는 배우기 쉬워요.	

김진수	미하우 씨, 어디 가요?
미하우	운동하러 가요.
김진수	무슨 운동을 해요?
미하우	요즘 태권도를 배우고 있어요.
김진수	그래요? 언제부터 배우기 시작했어요?
미하우	배운 지 1년쯤 됐어요. 진수 씨도 태권도 할 줄 알아요?
김진수	그럼요. 저는 배운 지 5년쯤 됐어요.
미하우	그럼 아주 잘하겠네요. 다음 달에 학교에서 체육대회를 해요. 그때 제가 태권도 시범을 보여 주려고 해요. 좀 도와줄 수 있어요?
김진수	그렇게 할게요.

어휘와 표현

Słownictwo i wyrażenia

혹시 przypadkowo (czy przypadkiem nie, czy może nie)

사물놀이 *samullori* (tradycyjny gatunek muzyki perkusyjnej z udziałem bębnów i gongów)

악기 instrument muzyczny

체육대회 zawody sportowe

시범 pokaz (np. sportowy), demonstracja (np. umiejętności)

문법 I
Gramatyka I

1 V-는 것

Konstrukcja 'V-는 것' składa się z przydawki czasownikowej 'V-는' oraz rzeczownika defektywnego '것' 'rzecz' i może być tłumaczona na polski jako rzeczownik odczasownikowy (odsłowny) typu 'robienie', 'oglądanie', 'czytanie', 'malowanie'.

저는 영화 보는 것이 좋아요.

제 취미는 책을 읽는 것입니다.

제 친구는 그림 그리는 것을 싫어해요.

◎ W stylu potocznym często używa się podanych niżej form ściągniętych:

것 → 거   것 + 이 → 게   것 + 은 → 건   것 + 을 → 걸

음악 듣는 거 좋아해요?

자는 게 제일 쉬워요.

아침 일찍 일어나는 건 정말 힘들어요.

방학 때 여행하는 걸 아주 좋아해요.

2 N(으)로 'za pomocą N', 'przy pomocy N'

Gramatyczna końcówka rzeczownika '(으)로' jest wykładnikiem narzędnika i sygnalizuje w zdaniu narzędzie, środek lub sposób wykonania czynności.

A 여기에 어떻게 왔어요?

B 지하철로 왔어요.

비빔밥은 젓가락으로 비비면 더 맛있어요.

자세한 내용은 이메일로 연락 드리겠습니다.

3 V/A-겠-

Morfem gramatyczny '-겠-' dodawany jest do tematu czasowników lub przymiotników i komunikuje przypuszczenie nadawcy co do zachowania lub działania podmiotu. W znaczeniu tym podmiot nie może wystąpić w 1. osobie liczby pojedynczej ani mnogiej.

하늘이 흐려요. 곧 비가 오겠어요.

시간이 많이 걸리겠습니다.

숙제가 많아서 바쁘겠어요.

아기가 정말 예쁘겠어요.

4 V-기(가) 쉽다/어렵다
'V jest łatwe/trudne', 'łatwo/trudno jest wykonać V'

Konstrukcja 'V-기(가) 쉽다/어렵다' składa się z rzeczownika odczasownikowego na '-기' oraz przymiotnika '쉽다' 'być łatwym (do zrobienia), niesprawiającym problemów' lub '어렵다' 'być trudnym (do zrobienia), sprawiającym problemy' i używane jest w sytuacji, gdy wykonanie czynności V jest dla podmiotu trudne bądź łatwe.
Konstrukcja ta komunikuje głównie łatwość (쉽다) lub trudność (어렵다) posługiwania się (V) jakimś przedmiotem bądź wykonania czynności (V) jako cechy obiektu, zjawiska, miejsca N (w znaczeniu wady, zalety lub ogólnie charakterystycznej własności).

자전거 타기 쉬워요?

큰절 하기 어렵지 않아요?

서울에서는 자동차를 운전하기가 쉽지 않아요.

5 V-기 시작하다 'zaczynać (się) V', 'rozpoczynać (się) V'

Konstrukcja 'V-기 시작하다' składa się z rzeczownika odczasownikowego na '-기' oraz czasownika '시작하다' 'zaczynać (się), rozpoczynać (się)' i komunikuje rozpoczęcie czynności, działania, procesu V.

두 사람이 사귀기 시작했어요.

이제 한국 생활에 적응하기 시작했어요.

5년 전부터 우표를 모으기 시작했습니다.

6 V-(으)ㄴ 지 N이/가 되다 'od V upłynął okres N (czasu)'

Schemat zdaniowy 'V-(으)ㄴ 지 N이/가 되다' komunikuje sytuację, gdy od zakończenia zdarzenia V upłynął okres N, minął czas wskazywany przez N. Schemat ten składa się z przeszłej formy przydawki czasownikowej 'V-(으)ㄴ', rzeczownika defektywnego '지' (który komunikuje czas trwania zdarzenia, o którym jest mowa czyli 'przez JAKIŚ CZAS', 'od momentu, gdy'), rzeczownika oznaczającego dany okres, czas N oraz czasownika '되다' 'stawać się', który tutaj oznacza - 'minąć, upłynąć'.

> Gdy temat czasownika kończy się na spółgłoskę (poza 'ㄹ'): V + 은 지
>
> Gdy temat czasownika kończy się na samogłoskę: V + ㄴ 지
>
> √ 'ㄹ' kończące temat czasownika ulega zanikowi przed '은 지', a temat bez 'ㄹ' łączy się bezpośrednio z 'ㄴ 지'.

한국에 온 지 이제 두 달이 되었어요.

우리가 만난 지 3년이 되었어요.

이 집에서 산 지 10년이 되었습니다.

◎ 'V-(으)ㄴ 지 얼마 안 되다' 'nie upłynęło wiele czasu od V'

출발한 지 얼마 안 됐어요. 빨리 가면 만날 수 있어요.

A 점심 먹읍시다.

B 아침을 먹은 지 얼마 안 됐어요.

7 V-(으)려고 하다 'mieć zamiar zrobić V'

Konstrukcja 'V-(으)려고 하다' 'mieć zamiar zrobić V' komunikuje sytuację, w której KTO/CO ma zamiar, chciałby wykonać czynność V.

> Gdy temat czasownika kończy się na spółgłoskę (z wyjątkiem spółgłoski '르'): V + 으려고
>
> Gdy temat czasownika kończy się na samogłoskę lub '르' : V + 려고

남자 친구와 헤어지려고 해요.

지금 한국어 책을 읽으려고 해요.

내년에 폴란드에 가려고 해요.

내일은 친구를 만나려고 합니다.

어휘와 표현
Słownictwo i wyrażenia

젓가락 pałeczki

비비다 mieszać

자세하다 być dokładnym, szczegółowym

내용 treść, zawartość

하늘 niebo

곧 od razu, z miejsca

아기 dziecko

큰절 głęboki, niski ukłon

적응하다 zaadaptować się, przyzwyczaić się

우표 znaczek pocztowy

모으다 zbierać, kolekcjonować

헤어지다 rozstawać się z KIM

연습 I
Ćwiczenia I

1 〈보기〉와 같이 'V-는 것'을 써서 문장을 완성하세요.
Uzupełnij poniższe zdania, używając konstrukcji 'V-는 것'.

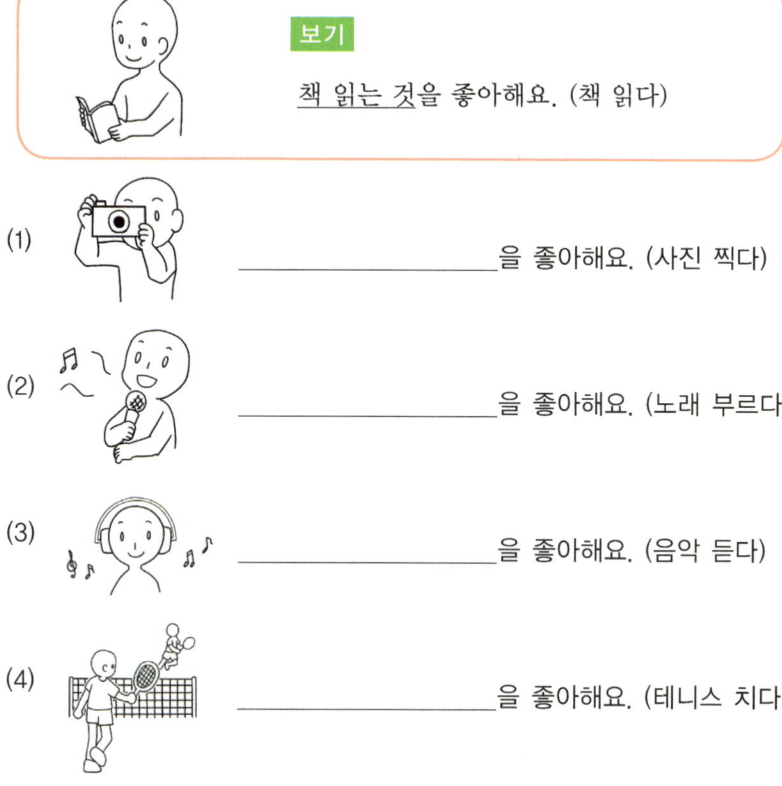

보기

책 읽는 것을 좋아해요. (책 읽다)

(1) _____________________을 좋아해요. (사진 찍다)

(2) _____________________을 좋아해요. (노래 부르다)

(3) _____________________을 좋아해요. (음악 듣다)

(4) _____________________을 좋아해요. (테니스 치다)

2 알맞은 단어를 골라 〈보기〉와 같이 문장을 완성하세요.
Uzupełnij zdania poniższymi rzeczownikami.

숟가락	연필	수표	비행기	칼

보기　　　　한국 사람들은 <u>숟가락으로</u> 밥을 먹어요.

(1) _____________________ 보내면 비싸요.

(2) _____________________ 답을 쓰지 마세요.

(3) 책값을 _____________________ 냈어요.

(4) _____________________ 수박을 잘라 주세요.

3 알맞은 단어를 골라 〈보기〉와 같이 바꿔 쓰세요.
Uzupełnij poniższe zdania odpowiednią formą przymiotników z ramki.

> 맛있다　　재미없다　　작다　　바쁘다　　시끄럽다　　춥다

> **보기**　　　　　　내일 날씨가 <u>춥겠어요</u>.

(1) 이 드라마는 정말 _________________.

(2) 이 신발은 저한테 _________________.

(3) 미하우 씨가 만든 음식이에요? _____________.

(4) 이 방은 밖에 큰길이 있어서 _______________.

4 〈보기〉와 같이 대화를 완성하세요. Dokończ dialogi według wzoru.

> **보기**　　A 언제부터 바르샤뱌에서 <u>살기</u> 시작했어요? (살다)
> 　　　　　　B <u>3월부터 살기 시작했어요</u>. (3월)

(1) A 언제부터 폴란드어를 __________ 시작했어요? (배우다)
　　B ____________________________. (7월)

(2) A 언제부터 스키를 __________ 시작했어요? (타다)
　　B ____________________________. (작년)

(3) A 언제부터 안경을 __________ 시작했어요? (쓰다)
　　B ____________________________. (5년 전)

(4) A 언제부터 한국 회사에서 __________ 시작했어요? (일하다)
　　B ____________________________. (2010년)

5 〈보기〉와 같이 대화를 완성하세요. Dokończ dialogi według wzoru.

> **보기**　　A 바르샤바에서 <u>산 지</u> 얼마나 됐어요? (살다)
> 　　　　　　B <u>아홉 달 됐어요</u>. (9달)

(1) A 여자 친구를 _____________ 얼마나 됐어요? (만나다)
　　B _________________. (2년)

(2) A 피아노를 _______________ 얼마나 됐어요? (배우다)

    B _______________________. (3년)

(3) A 담배를 __________ 얼마나 됐어요? (피우다)

    B _______________________. (7년)

(4) A 이 회사에 _______________ 얼마나 됐어요? (취직하다)

    B _______________________. (4달)

6 〈보기〉와 같이 문장을 완성하세요. Dokończ zdania według wzoru.

> **보기**
>
> 이번 주말에는 <u>산에 가려고 해요</u>.

(1) 오늘 저녁에는 _____________________.

(2) 내일은 백화점에 가서 _____________________.

(3) 미하우 씨 생일에 _____________________.

(4) 설날에는 _____________________.

어휘와 표현
Słownictwo
i wyrażenia

연필 ołówek	수박 arbuz
수표 czek bankowy	큰길 szeroka ulica
칼 nóż	안경 okulary
답 odpowiedź	(안경을) 쓰다 nosić (okulary)

본문 II

track08

미하우	나영 씨, 자전거 탈 줄 알아요?
이나영	네. 왜요?
미하우	우리 주말에 자전거 타고 교외로 나갈까요?
이나영	글쎄요. 저는 자전거를 탈 줄 알지만 잘 안 타요.
미하우	왜요?
이나영	저는 운동하는 것보다 집에서 컴퓨터 게임을 하는 것을 더 좋아해요.
미하우	컴퓨터 게임을 하는 것보다 운동을 하는 게 건강에 더 좋아요.
이나영	저도 알지만 운동은 별로 하고 싶지 않아요.
미하우	그래도 이번 주말에는 같이 자전거를 탑시다.

이나영	그거 처음 보는 카메라네요. 새로 샀어요?
미하우	네. 사진을 배워 보려고 디지털 카메라를 새로 샀어요.
이나영	멋있네요. 디지털 카메라가 편리하지요?
미하우	네. 찍은 사진을 바로 볼 수 있어서 참 좋아요. 사진을 한 장 찍어 줄까요?
이나영	네. 왼쪽에서 찍어 주세요.
미하우	왜요?
이나영	저는 왼쪽 얼굴을 찍으면 사진이 더 잘 나와요.
미하우	알았어요. 하나, 둘, 셋!

어휘와 표현

Słownictwo i wyrażenia

교외 okolice poza miastem

게임 zabawa, gra

그래도 mimo to jednak, ale jednak

별로 szczególnie, niezwykle

카메라 aparat fotograficzny, kamera

디지털 카메라 cyfrowy aparat fotograficzny

바로 od razu, bezpośrednio

사진이 잘 나오다 zdjęcie dobrze (ładnie)wychodzi, KTO wychodzi dobrze na zdjęciu (zdjęciach)

1 별로 'szczególnie', 'niezwykle'

Przysłówek '별로' dosłownie znaczy 'szczególnie', 'niezwykle', ale używany jest wyłącznie w zdaniach przeczących w konstrukcji typu 'N 별로 A/V', co na polski można tłumaczyć jako 'KTO/CO nie jest nazbyt A / nie nazbyt V', 'KTO/CO jest nieszczególnie A / nieszczególnie V'.

이 책은 별로 어렵지 않아요.

저는 운동을 별로 잘하지 못해요.

저 가방은 별로 비싸지 않아.

2 Z1-(으)려고 Z2 'chcąc Z1 Z2', 'w celu Z1 Z2'

Schemat zdaniowy 'Z1-(으)려고 Z2' komunikuje sytuację, gdy celem, zamierzeniem działania opisanego w zdaniu Z2 jest czynność przedstawiona w zdaniu Z1.

어제는 불고기를 먹으려고 한국 식당에 갔어요.

내년에 폴란드에 가려고 폴란드어를 열심히 공부해요.

비빔밥을 만들려고 채소를 샀어요.

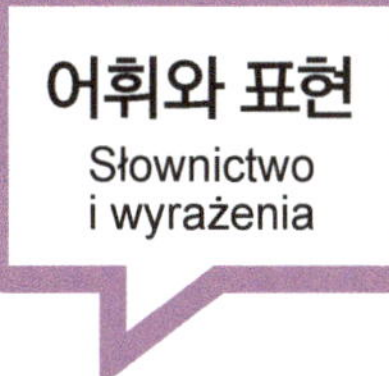

채소 warzywa, jarzyny

연습 II
Ćwiczenia II

1 〈보기〉와 같이 대화를 완성하세요. Dokończ dialogi według wzoru.

> **보기**
> A 밖이 추워요?
> B 아뇨, <u>별로 안 추워요</u>.

(1) A 음식이 짜지요?　　　　　　　(2) A 오늘 바빠요?
　　B 아뇨, ___________.　　　　　　　　B 아뇨, ___________.

(3) A 커피 좋아해요?　　　　　　　(4) A 이 영화 무서워요?
　　B 아뇨, ___________.　　　　　　　　B 아뇨, ___________.

2 〈보기〉와 같이 대화를 완성하세요. Dokończ dialogi według wzoru.

> **보기**
> A 왜 한국에 왔어요?
> B <u>한국어를 배우려고</u> 왔어요. (한국어, 배우다)

(1) A 왜 전화했어요?
　　B _______________________ 전화했어요. (이메일 주소, 물어보다)

(2) A 왜 케이크를 만들었어요?
　　B _______________________ 만들었어요. (파베우 씨, 주다)

(3) A 왜 백화점에 갔어요?
　　B _______________________ 갔어요. (어제 산 옷, 바꾸다)

(4) A 왜 은행에 갔어요?
　　B _______________________ 갔어요. (돈, 찾다)

3 알맞은 것에 O 하세요. Zaznacz prawidłową formę.

(1) 나는 책을 (빌리려고, 빌려서) 도서관에 갑니다.
(2) 미하우 씨는 감기에 (걸리려고, 걸려서) 약을 먹었어요.
(3) 외국으로 여행을 (가려고, 가서) 여권을 만들었어요.
(4) 청소를 (하려고, 해서) 집이 깨끗해졌어요.

어휘와 표현
Słownictwo i wyrażenia

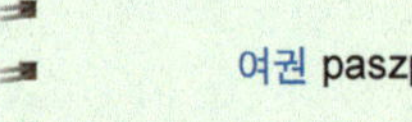

여권 paszport

연습 Ⅲ
Ćwiczenia Ⅲ

track 09

1 잘 듣고 질문에 답하세요. Wysłuchaj dialogu i odpowiedz na pytania.

(1) 여기는 어디입니까? _______________

(2) 남자는 무엇을 부치려고 합니까? 모두 고르세요.
Zaznacz, co mężczyzna w powyższym dialogu ma zamiar wysłać.

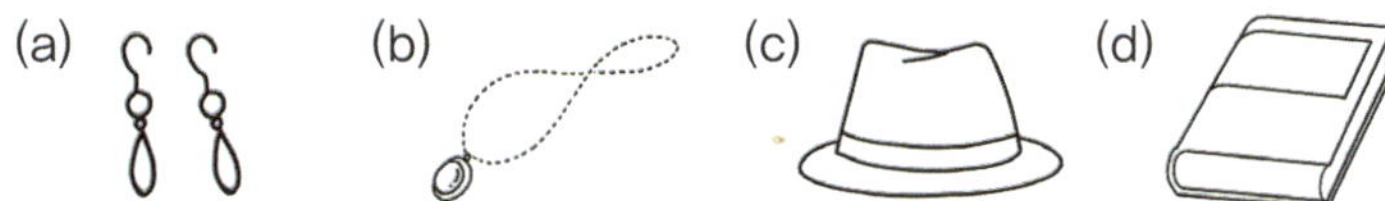

(a)   (b)   (c)   (d)

2 잘 듣고 질문에 답하세요. Wysłuchaj dialogu i odpowiedz na pytania.

(1) 영준 씨는 누구에게 선물을 보냈습니까?
Zaznacz komu Yeongjun wysłał prezent?

(a)   (b)   (c)   (d)

(2) 두 사람은 다음에 무엇을 할까요?
Co mają zamiar zrobić uczestnicy dialogu?

(a)   (b)   (c)

3 친구와 함께 'V-는 것'을 이용해서 좋아하는 것, 싫어하는 것에 대해
이야기해 보세요. Ułóż i przećwicz dialogi o tym, co kto lubi, czego kto nie
lubi, używając konstrukcji 'V-는 것'.

> **보기**
>
> A 미하우 씨는 뭘 좋아해요?
> B 저는 <u>수영하는 것</u>을 좋아해요.
> A <u>테니스 치는 것</u>도 좋아해요?
> B 아니요, <u>테니스 치는 것</u>은 싫어해요.

좋아하는 것	싫어하는 것
수영	테니스

어휘와 표현
Słownictwo i wyrażenia

소포 paczka

내용물 zawartość

요금 opłata

한참 długa chwila, dłuższy okres

수영하다 pływać (poruszać się w wodzie)

4과

한국에 가는데 뭘 준비해야 돼요?

- 유학 준비 (przygotowania do studiów za granicą)

- 기숙사 관련 문의 (zagadnienia związane z zakwaterowaniem w domu akademickim)

본문 I

track10

미하우 　다음 학기에 한국에 가는데 뭘 준비해야 돼요?
김진수 　여권은 만들었지요? 비자도 받았어요?
미하우 　네. 한국 대사관에서 받았어요.
김진수 　한국 돈도 준비했어요?
미하우 　아직 못 했는데요.
　　　　한국에서는 한국 돈만 써요?
김진수 　네. 유로를 가져가서 한국에서 환전하세요.
　　　　폴란드 돈도 환전할 수 있는지 알아볼게요.

이나영 　미하우 씨, 언제 한국에 가요?
미하우 　방학 끝나고 갈 거예요.
이나영 　그럼 2주일 남았네요.
미하우 　네. 맞아요.
이나영 　준비는 다 끝났어요?
미하우 　아니요. 준비를 많이 못 해서 큰일 났어요.
이나영 　시험공부도 해야 되고 유학 준비도 해야 돼서 많이
　　　　힘들겠어요.
미하우 　네. 어제는 너무 피곤해서 저녁 7시에 잠이 들었어요.
이나영 　내가 도와줄 것은 없어요?
미하우 　알고 싶은 게 많아요. 나중에 한번 만나요.
이나영 　그럼 이번 주말에 저녁을 같이 먹을까요?
미하우 　네, 좋아요. 전화할게요.

어휘와 표현

Słownictwo
i wyrażenia

학기 semestr
대사관 ambasada
쓰다 używać
유로 euro (jednostka walutowa)
가져가다 wziąć ze sobą, zabrać ze sobą
환전하다 wymienić walutę (pieniądze)
알아보다 dowiedzieć się (zobaczyć czy)
남다 pozostać

큰일(이) 나다 stać się poważnym problemem, przybrać poważny obrót
시험공부 przygotowywanie się (uczenie się) do egzaminów
잠이 들다 zasypiać

1 Z1-ㄴ데/은데/는데 Z2

Schemat zdaniowy 'Z1-ㄴ데/은데/는데 Z2' używany jest w sytuacji, gdy celem wypowiedzi jest przekazanie treści zawartej w Z2, a za pomocą Z1 nadawca dopowiada tło lub okoliczności towarzyszące Z2 w sposób mniej kategoryczny i jedynie nawiązujący do głównego przekazu. Z2 często komunikuje prośbę, propozycję, wyjaśnienie.

폴란드 말을 잘 모르는데, 좀 가르쳐 주시겠어요?

지금은 시간이 없는데 다음에 만나요.

곧 수업이 시작하는데 숙제를 다 못 했어요.

이 옷은 좀 큰데 더 작은 사이즈는 없어요?

날씨가 좋은데 밖으로 갈까요?

저는 점심을 먹었는데, 표트르 씨는 먹었어요?

2 V-는데요

Finitywna końcówka 'V-는데요', występująca po czasownikach oraz czasownikach egzystencjalnych '있다, 없다', używana jest w sytuacji, gdy nadawca chce przekazać adresatowi pewną treść dotyczącą zdarzenia, stanu bądź procesu V i oczekuje na jakąś słowną reakcję adresata.

저는 집에 가는데요. (표트르 씨는 어떻게 할 거예요?)

민수 씨는 지금 집에 없는데요. (나중에 다시 전화를 걸어 주시겠어요?)

◎ A-(으)ㄴ데요
Finitywna końcówka 'A-(으)ㄴ데요' występuje po przymiotnikach i używana jest w sytuacji, gdy nadawca chce przekazać adresatowi pewną treść dotyczącą stanu lub cechy A i oczekuje na jakąś słowną reakcję adresata.

저는 이것이 좋은데요. (나영 씨는 어때요?)

지금 김 선생님은 바쁘신데요. (나중에 다시 오시겠어요?)

여기에서 도서관까지는 아주 먼데요. (그래도 걸어가시겠어요?)

◎ N-인데요

Finitywna końcówka 'N-인데요' występuje po rzeczownikach i używana jest w sytuacji, gdy nadawca chce przekazać adresatowi pewną treść dotyczącą N i oczekuje na jakąś słowną reakcję adresata. W stylu potocznym często używana jest postać skrócona 'N-ㄴ데요'.

여기는 서울대학교 국어국문학과인데요. 파베우 씨하고 통화할 수 있을까요?

저는 파베우인데요. 김 선생님을 뵙고 싶습니다.

저는 파베운데요. 김 선생님을 뵙고 싶습니다.

3 N만 'tylko N', 'wyłącznie N', 'jedynie N'

Końcówka rzeczownikowa 'N만' 'tylko N', 'wyłącznie N', 'jedynie N' komunikuje znaczenie ograniczenia.

한국어 회화 시간에는 한국말만 합시다.

어제는 너무 피곤해서 하루 종일 잠만 잤어요.

우리 과 1학년생은 모두 30명이에요. 그 중에 파베우 씨만 폴란드 사람이에요.

어휘와 표현
Słownictwo
i wyrażenia

사이즈 rozmiar

걸어가다 iść pieszo

국어국문학과 Wydział Literatury i Języka Koreańskiego

통화하다 rozmawiać przez telefon

뵙다 mieć zaszczyt (przyjemność, itd.) spotkać KOGO, zobaczyć się z KIM (hon. – modest.)

과 wydział, zakład, katedra (jednostka organizacyjna wyższej uczelni)

1학년생 student pierwszego roku

연습 I
Ćwiczenia I

1 〈보기〉와 같이 문장을 만드세요. Utwórz zdania według wzoru.

> **보기**
> 책을 읽어요. + 너무 어려워요.
> → 책을 읽는데 너무 어려워요.

(1) 비가 와요. + 우산이 없어요. → _______________________.

(2) 내일 시험을 봐요. + 좀 도와주세요. → _______________________.

(3) 시장에 갔어요. + 사람이 많았어요. → _______________________.

(4) 수업에 늦었어요. + 버스가 안 와요. → _______________________.

2 〈보기〉와 같이 대화를 완성하세요. Dokończ dialogi według wzoru.

> **보기**
> A 어디에 가요?
> B 우체국에 가는데요. (우체국에 가다)

(1) A 여기에서 극장까지 얼마나 걸려요?
    B _______________________. (30분쯤 걸리다)

(2) A 언제 나영 씨를 만나요?
    B _______________________. (토요일에 만나다)

(3) A 지금 뭐 해요?
    B _______________________. (텔레비전을 보다)

(4) A 무슨 일을 하세요?
    B _______________________. (영어를 가르치다)

3 〈보기〉와 같이 대화를 완성하세요. Dokończ dialogi według wzoru.

> **보기**
> A 뭐가 필요해요?
> B 사진 세 장이 필요한데요. (사진 3장, 필요하다)

(1) A 어디가 아파요?
    B _______________________. (머리, 아프다)

(2) A 거기 날씨가 어때요?
    B _______________________. (좀 춥다)

(3) A 그 신발은 어때요?
    B _______________________. (너무 작다)

(4) A 그 책 어때요?

    B _______________________. (아주 재미있다)

4 〈보기〉와 같이 대화를 완성하세요. Dokończ dialogi według wzoru.

> **보기**
>
> A 몇 시에 일어났어요?
> B 일곱 시에 일어났는데요. (7시에 일어나다)

(1) A 딸기를 얼마나 샀어요?

    B _______________________. (2kg을 사다)

(2) A 무슨 음식을 준비했어요?

    B _______________________. (떡국을 준비하다)

(3) A 어젯밤에 뭘 했어요?

    B _______________________. (텔레비전을 보다)

(4) A 점심 때 뭘 먹었어요?

    B _______________________. (비빔밥을 먹다)

5 〈보기〉와 같이 대화를 완성하세요. Dokończ dialogi według wzoru.

> **보기**
>
> A 시험이 언제예요?
> B 금요일인데요. (금요일)

(1) A 이름이 뭐예요?

    B _______________________. (미하우 코발스키)

(2) A 이 노래 제목이 뭐예요?

    B _______________________. (아리랑)

(3) A 전화번호가 몇 번이에요?

    B _______________________. (332-5667)

(4) A 이 치마는 얼마예요?

    B _______________________. (35,000원)

어휘와 표현
Słownictwo
i wyrażenia

딸기 | truskawki   제목 tytuł, temat

본문 II

track 11

조교　국문과 사무실입니다.

미하우　네. 안녕하세요?
저는 폴란드 바르샤바대학교의 미하우인데요.

조교　네. 안녕하세요?
뭘 도와 드릴까요?

미하우　제가 다음 주 목요일에 한국에 도착하는데 그날 바로 기숙
사에 들어갈 수 있어요?

조교　외국에서 오는 교환학생은 다음 주 월요일부터 기숙사에
들어갈 수 있으니까 그날 기숙사로 바로 가셔도 돼요.

미하우　아, 그래요? 잘됐네요.
과 사무실에는 금요일에 가도 돼요?

조교　물론이지요.
과 사무실은 주말에만 문을 닫아요.
여권하고 입학허가서를 꼭 가져오세요.

미하우　알겠습니다. 감사합니다.

어휘와 표현
Słownictwo
i wyrażenia

조교 asystent (student na asystenturze)

국문과 Wydział Literatury i Języka Koreańskiego

그날 ten dzień, tamten dzień (tego dnia, tamtego dnia)

잘되다 udać się, zakończyć się pomyślnie („dobrze", „w porządku", „jak to dobrze")

교환학생 student na stażu, stypendysta w ramach wymiany

입학허가서 zgoda na podjęcie studiów

가져오다 przynieść

감사하다 dziękować

미하우 선생님, 저 다음 주에 한국에 가요.
　　　 1년 동안 서울대학교에서 공부하게 되었어요.

선생님 교환학생 신청했지요? 결과가 궁금했는데 잘됐네요.
　　　 한국에서는 어디에서 살 거예요?

미하우 저는 장학생이라서 기숙사에서 살 수 있어요.

선생님 방은 혼자 써요?

미하우 아니요. 2인실이 1인실보다 더 싸서 2인실을 신청했어요.

선생님 한국 사람과 같이 생활해도 괜찮아요?

미하우 한국어를 자주 쓸 수 있어서 더 좋을 것 같아요.

선생님 준비는 다 됐어요?

미하우 네. 진수 씨와 나영 씨가 친절하게 도와줬어요.

어휘와 표현
Słownictwo i wyrażenia

신청하다 składać podanie, prośbę, zgłoszenie, występować o CO

결과 wynik, rezultat

궁금하다 być ciekawym, chcieć się dowiedzieć, dociekać CZEGO

장학생 stypendysta

혼자 sam, jeden, samodzielnie (bez pomocy innych)

1인실 pokój jednoosobowy

2인실 pokój dwuosobowy

생활하다 żyć, mieszkać

문법 II
Gramatyka II

1 V-아도/어도 괜찮다/되다
'nie mam nic przeciw V', 'dopuszczalne jest V', 'wolno V'

Schemat zdaniowy 'V-아도/어도 괜찮다/되다' 'nie mam nic przeciw V', 'dopuszczalne jest, wolno V' używany jest wtedy, gdy sytuacja opisana przez czasownik V jest dozwolona, akceptowana przez nadawcę, spotyka się z przyzwoleniem nadawcy. W zdaniach pytajnych schemat ten jest pytaniem o przyzwolenie adresata. Schemat ten można tłumaczyć na polski jako 'nie mam nic przeciw V', 'czy nie masz nic przeciw V?'.

1. Gdy temat czasownika kończy się na samogłoskę 'ㅏ/ㅗ':
   V + 아도 괜찮다/되다

   내일 가도 돼요.

   여기 앉아도 돼요?

2. Gdy czasownik używany w tej konstrukcji zawiera czasownik posiłkowy '-하다' : -해도 괜찮다/되다

   저녁 때 전화해도 괜찮아요?

   여기에서 숙제를 해도 돼요?

3. Gdy temat czasownika kończy się na inną samogłoskę niż 'ㅏ/ㅗ' :
   V + 어도 괜찮다/되다

   A 이것을 가져도 괜찮아요?

   B 네, 괜찮아요.

◎ Twierdząca odpowiedź na pytanie zawierające schemat 'V-아도/어도 괜찮다/되다' przyjmuje postać '네, (V-아도/어도) 괜찮아요/돼요.', odpowiedź przecząca zaś może przyjąć jedynie postać '아니요, 안 돼요.' ('Nie, nie wolno.'). Postać '아니요, 안 괜찮아요.' nie jest używana w tym kontekście.

   A 학과 사무실에는 내일 가도 돼요?

   B 아니요, 안 돼요. 내일은 주말이에요.

2 N-(이)라서 'z powodu N'

Konstrukcja 'N-(이)라서' 'z powodu N' używana jest po rzeczowniku, który nazywa powód, przyczynę danego zdarzenia, stanu bądź procesu. Konstrukcja 'N-(이)라서' ma podobne znaczenie do 'N-이어서/여서', ale jest używana głównie w stylu potocznym.

내일은 토요일이라서 학교에 안 갑니다.

그 애는 미성년자라서 술을 마실 수 없어요.

파베우 씨는 성적이 좋은 학생이라서 장학금을 받았어요.

◎ Konstrukcja 'N-(이)라서' często przyjmuje postać 'N-(이)라'.

내일은 토요일이라 학교에 안 가요.

그 애는 미성년자라 술을 마실 수 없어요.

어휘와 표현
Słownictwo i wyrażenia

학과 wydział, zakład, katedra, sekcja (jednostka organizacyjna wyższej uczelni)

애 dziecko

미성년자 osoba niepełnoletnia

장학금 stypendium

연습 II
Ćwiczenia II

1 〈보기〉와 같이 대화를 완성하세요. Dokończ dialogi według wzoru.

> **보기**
> A 텔레비전을 <u>봐도 돼요</u>? (텔레비전, 보다)
> B 네, <u>봐도 돼요</u>. / 아니요, <u>안 돼요</u>.

(1) A ___________________? (찬 음식, 먹다)

　　B 네, ___________.

(2) A ___________________? (담배, 피우다)

　　B 아니요, ___________.

(3) A ___________________? (청바지, 입다)

　　B 네, ___________.

(4) A ___________________? (사진, 찍다)

　　B 아니요, ___________.

2 〈보기〉와 같이 문장을 만드세요. Utwórz zdania według wzoru.

> **보기**
> 내일이 미하우 씨 생일이에요. + 선물을 사야 돼요.
> → <u>내일이 미하우 씨 생일이라서 선물을 사야 돼요.</u>

(1) 우리는 일학년이에요. + 아직 한자를 잘 몰라요.

→ ___________________.

(2) 한국은 지금 장마철이에요. + 비가 많이 와요.

→ ___________________.

(3) 내일은 휴일이에요. + 학교에 안 가요.

→ ___________________.

(4) 약속 시간이 3시예요. + 30분 후에 출발해도 돼요.

→ ___________________.

어휘와 표현
Słownictwo i wyrażenia

청바지 dżinsy

학년 rok studiów

장마철 pora deszczowa

1 질문을 듣고 알맞은 대답을 찾아 연결하세요.
Wysłuchaj pytań i zaznacz poprawne odpowiedzi.

(1) ·   · (a) 네, 알겠습니다.

(2) ·   · (b) 머리가 아파서 왔는데요.

(3) ·   · (c) 아니요, 안 돼요.

2 잘 듣고 질문에 답하세요. Wysłuchaj dialogu i odpowiedz na pytania.

(1) 남자는 무엇을 타고 가려고 합니까?
Zaznacz, jaki środek transportu wybiera mężczyzna w dialogu?

(a)   (b)   (c)

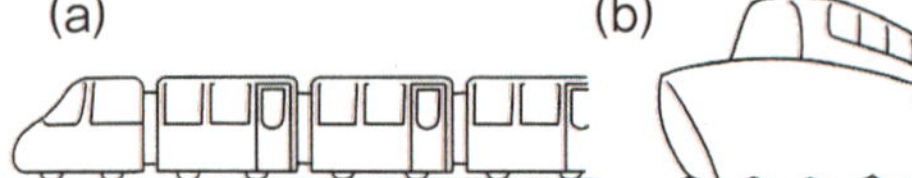
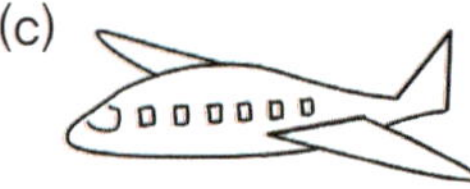

(2) 남자가 예약한 내용에 맞게 다음을 완성하세요.
Uzupełnij dane w rezerwacji dokonanej przez mężczyznę w dialogu.

> 어디로: 제주도
>
> 언제: 4월 6일 오전 ___시 ___분
>
> 요금: _________원

3 친구와 여행에 대해서 이야기해 봅시다. 어디에 가고 싶어요? 무엇을 준비해야 돼요? Przećwicz dialogi na temat planu podróży według wzoru.

> A 어디에 가고 싶어요?
> B <u>제주도</u>에 가고 싶어요.
> A 뭐를 준비해야 돼요?
> B <u>비행기 표를 사야 돼요.</u>
> 　 그리고 <u>수영복하고 선글라스도 살 거예요.</u>
> A <u>제주도</u>에서 뭐 할 거예요?
> B <u>수영도 하고 말도 타고 싶어요. 사진도 많이 찍을 거예요.</u>

여행 가고 싶은 곳	준비해야 할 것	여행 가서 할 일
제주도	비행기 표, 수영복, 선글라스	수영할 거예요. 말을 탈 거예요. 사진을 많이 찍을 거예요.

어휘와 표현
Słownictwo
i wyrażenia

예매하다 kupić w przedsprzedaży

예약하다 rezerwować

수영복 kostium kąpielowy

선글라스 okulary przeciwsłoneczne

말 koń, konie

5과

제가 진수 대신에 미하우 씨를 도와 드릴게요

- 비행기 (samolot)
- 환전 (wymiana waluty)
- 환영하기 (powitanie)
- 버스표 구입 (zakup biletów autobusowych)

본문 I

스튜어디스　What would you like, sir?

미하우　비빔밥은 고추장 때문에 매울 테니까 불고기를 주세요.

스튜어디스　한국말을 잘하시네요.

미하우　한국학을 전공하고 있어요.

스튜어디스　아, 그러세요?
비빔밥도 맛있는데요. 비빔밥보다 불고기를 좋아하세요?

미하우　아니요. 비빔밥도 좋아하는데 좀 매울 것 같아서요.

스튜어디스　그럼 비빔밥을 드세요. 저희는 고추장을 따로 드리니까
조금만 넣고 드시면 됩니다.

미하우　아, 그래요? 그럼 비빔밥 주세요.

스튜어디스　음료수는 뭘 드릴까요?

미하우　포도 주스 주세요.

스튜어디스　죄송합니다.
지금 오렌지 주스하고 토마토 주스밖에 없습니다.
이따 가져다 드리겠습니다.

미하우　그럼 그냥 토마토 주스 주세요.

스튜어디스　알겠습니다. 잠시만 기다리세요.

어휘와 표현
Słownictwo i wyrażenia

스튜어디스 stewardesa

고추장 *gochujang* (ostra pasta paprykowa)

한국학 koreanistyka (kierunek studiów)

따로 osobno, pojedynczo, oddzielnie

음료수 napój

토마토 pomidory

이따 później (tego samego dnia), za chwilę, nieco później,
potem (ale jeszcze dziś)

가져다 드리다 przynieść, zanieść (hon.)

잠시 chwila

직원	어서 오세요.
미하우	안녕하세요? 폴란드 돈을 한국 돈으로 바꾸고 싶은데요. 오늘은 1즈워티에 얼마예요?
직원	1즈워티에 400원이에요.
미하우	그래요? 환율이 많이 올랐군요.
직원	네. 작년보다 많이 올랐어요. 얼마를 바꿔 드릴까요?
미하우	1,000즈워티를 한국 돈으로 바꿔 주세요.
직원	네, 알겠습니다. 전부 40만 원입니다. 어떻게 드릴까요?
미하우	5만 원짜리 네 장, 만 원짜리 스무 장 주세요.
직원	여기 있습니다.
미하우	감사합니다. 안녕히 계세요.
직원	안녕히 가세요.

어휘와 표현
Słownictwo
i wyrażenia

환율 kurs wymiany walut

오르다 iść w górę, wspinać się, wchodzić na górę; rosnąć (o cenach)

전부 wszystko

짜리 określonej wartości (po ILE, za ILE)

안녕히 가세요 do widzenia (do osoby odchodzącej)

1 Z1-(으)ㄹ 테니까 Z2 'Z2 ponieważ (na pewno) będzie Z1'

Schemat zdaniowy 'Z1-(으)ㄹ 테니까 Z2' komunikuje silne przekonanie mówiącego o wystąpieniu sytuacji Z1 jako uzasadnienia jego sugestii (prośby, propozycji) zawartej w Z2 ('sugeruję (proszę o) Z2, ponieważ (jestem przekonany, że) będzie Z1').

> Gdy temat czasownika lub przymiotnika kończy się na spółgłoskę (poza 'ㄹ'): V/A + 을 테니까
>
> Gdy temat czasownika lub przymiotnika kończy się na samogłoskę: V/A + ㄹ 테니까
>
> √ Gdy temat czasownika lub przymiotnika kończy się na 'ㄹ', należy pominąć 'ㄹ' i dodać 'ㄹ 테니까'.

토요일은 바쁜 사람도 있을 테니까 다른 날에 만나요.

오후에는 비가 올 테니까 우산을 가져가세요.

이번 시험은 어려울 테니까 준비를 많이 하세요.

민수가 미하우 집을 알 테니까 민수에게 물어보세요.

◎ Gdy podmiotem Z1 jest nadawca to wówczas w treści zawarta jest silna wola lub postanowienie realizacji czynności, komunikowanego działania ('sugeruję Z2, ponieważ na pewno zrobię Z1').

이 일은 내가 할 테니까 좀 쉬세요.

다른 음식들은 제가 가져올 테니까 김치만 사 오세요.

2 V-(으)면 되다 'wystarczy, że V', 'wystarczy zrobić V'

Konstrukcja 'V-(으)면 되다' 'wystarczy, że V', 'wystarczy zrobić V' używana jest w sytuacji, gdy V spełnia jakiś warunek w zadowalającym stopniu.

> Gdy temat czasownika kończy się na spółgłoskę
> (z wyjątkiem spółgłoski '르'): V + 으면 되다
>
> Gdy temat czasownika kończy się na samogłoskę lub na spółgłoskę
> '르': V + 면 되다

지금 가면 됩니다. 내일은 10시까지 학교에 오면 돼요.

이 책을 100페이지까지 읽으면 됩니다. 집이 멀면 기숙사에서 살면 됩니다.

밥이 없으면 빵을 먹으면 돼요.

3　N밖에 'NIKT/NIC oprócz N', 'NIKT/NIC poza N', 'tylko N'

Końcówka rzeczownikowa '밖에' dosłownie znaczy 'oprócz', 'poza', lecz używana jest wyłącznie w zdaniach przeczących typu 'N밖에 nie V' i wtedy wyraża znaczenie 'NIKT/NIC oprócz N nie spełnia warunku opisanego przez V', 'NIKT/NIC poza N nie spełnia warunku opisanego przez V', 'tylko N robi V'.

어제는 열 명밖에 안 왔어요. 저는 지금 100즈워티밖에 없어요.

시험 시간이 5분밖에 안 남았어요. 강의실에는 파베우 씨밖에 없습니다.

4　N1을/를 N2(으)로　바꾸다 'zamienić N1 na N2'

Konstrukcję 'N1을/를 N2(으)로　바꾸다' można tłumaczyć na polski jako 'zamienić N1 na N2'.

500즈워티를 한국 돈으로 바꾸고 싶은데요.

만 원짜리를 천 원짜리로 바꿔 주세요.

빨간색 옷을 파란색 옷으로 바꿀 수 있을까요?

어휘와 표현

Słownictwo
i wyrażenia

날 dzień (doba) 페이지 strona (np. książki)

빨간색 czerwień, czerwony kolor 파란색 niebieski kolor

연습 I
Ćwiczenia I

1 ⟨보기⟩와 같이 문장을 완성하세요. Dokończ zdania według wzoru.

> **보기** <u>날씨가 추울 테니까</u> 따뜻한 옷을 입으세요. (날씨가 춥다)

(1) _______________ 버스를 타세요. (길이 막히다)

(2) _______________ 우산을 가져가세요. (비가 오다)

(3) _______________ 음식을 많이 준비하세요. (손님이 많다)

(4) _______________ 걱정하지 마세요. (합격하다)

2 알맞은 것을 골라 ⟨보기⟩와 같이 바꿔 쓰세요.
Uzupełnij zdania wypowiedziami z ramki zgodnie z wzorem.

다시 발음하다	점심을 사 주다
김밥을 만들다	공부를 도와주다
우산을 빌려 주다	

> **보기** A 선생님, 이 단어는 발음이 너무 어려운 것 같아요.
> B 제가 <u>다시 발음할 테니까</u> 잘 들어 보세요.

(1) A 비가 갑자기 오네요.

　　 B 제가 _______________ 걱정하지 마세요.

(2) A 내일 한국어 시험을 보는데 너무 어려울 것 같아요.

　　 B 제가 _______________ 오늘 저녁에 만나요.

(3) A 파티에 무슨 음식을 만들어 가면 좋을까요?

　　 B 제가 _______________ 나영 씨는 만두를 만드세요.

(4) A 숙제가 너무 많아서 점심도 못 먹었어요.

　　 B 제가 _______________ 같이 먹으러 가요.

3 〈보기〉와 같이 대화를 완성하세요. Dokończ dialogi według wzoru.

> 보기
>
> A 뭘 준비하면 돼요?
>
> B <u>여권을 준비하면 돼요</u>. (여권)

(1) A 어떤 신발을 신으면 돼요?

B _______________________. (편한 신발)

(2) A 몇 시까지 오면 돼요?

B _______________________. (오전 10시)

(3) A 몇 번 버스를 타면 돼요?

B _______________________. (325번 버스)

(4) A 언제 전화하면 돼요?

B _______________________. (밤 9시 전)

4 〈보기〉와 같이 대화를 완성하세요. Dokończ dialogi według wzoru.

> 보기
>
> A 내일 10시에 와도 돼요?
>
> B 아니요, <u>내일 10시에 오면 안 돼요</u>. 9시에 오세요.

(1) A 여기서 담배 피워도 돼요?

B 아니요, _______________________. 밖에 나가서 피우세요.

(2) A 수업 시간에 음식을 먹어도 돼요?

B 아니요, _______________________. 쉬는 시간에 드세요.

(3) A 찬 물을 마셔도 돼요?

B 아니요, _______________________. 따뜻한 물을 드세요.

(4) A 도서관에서 이야기해도 돼요?

B 아니요, _______________________. 밖에서 이야기하세요.

5 〈보기〉와 같이 대화를 완성하세요. Dokończ dialogi według wzoru.

> **보기**
>
> A 오렌지 주스 있어요?
>
> B <u>사과 주스밖에 없는데요</u>. (사과 주스)

(1) A 한국 친구가 많이 있어요?

    B ________________________. (3명)

(2) A 커피 많이 마셔요?

    B ________________________. (하루에 한 잔)

(3) A 사진 많이 찍었어요?

    B ________________________. (2장)

(4) A 어제 사람들 많이 왔어요?

    B ________________________. (나영 씨)

6 〈보기〉와 같이 문장을 완성하세요. Dokończ zdania według wzoru.

> **보기**
>
> <u>달러를 유로로</u> 바꿔 주세요. (달러 → 유로)

(1) ________________ 바꿔 주세요. (2시 표 → 5시 표)

(2) ________________ 바꿔 주세요. (1인실 → 2인실)

(3) ________________ 바꿔 주세요. (지폐 → 동전)

(4) ________________ 바꿔 주세요. (수표 → 현금)

어휘와 표현

Słownictwo i wyrażenia

합격하다 zakwalifikować się	지폐 banknot
발음하다 wymawiać	동전 moneta
달러 dolar (jednostka walutowa)	현금 gotówka

본문 II

박영준	혹시 미하우 씨세요?
미하우	네. 제가 미하운데요.
박영준	안녕하세요? 박영준입니다. 진수 친구예요.
미하우	아, 박영준 씨군요. 반갑습니다.
	말씀 많이 들었어요. 이렇게 나와 주셔서 고맙습니다.
박영준	비행기를 오래 탔는데 피곤하지 않아요?
미하우	괜찮아요.
박영준	한국에 오셨으니까 제가 진수 대신에 미하우 씨를 도와 드릴게요.
미하우	네. 정말 감사합니다. 앞으로 잘 부탁 드려요.
박영준	저도 잘 부탁합니다.
	자, 저쪽으로 갑시다. 버스를 타야 돼요.

track 14

박영준	이쪽으로 오세요.
미하우	이 버스를 타면 돼요?
박영준	네. 그런데 버스를 타기 전에 표를 먼저 사야 돼요.
	여기서 잠깐만 기다리세요. 제가 사 올게요.
미하우	네. 고마워요.

*　　　*　　　*

박영준	500번 버스는 잠실까지 곧바로 가요?
매표원	아니요. 가다가 김포공항에서 한 번 서요.
박영준	아, 그래요? 잠실까지 곧바로 가는 버스는 없어요?
매표원	501번이 곧바로 가요.
박영준	그럼 501번 버스표 두 장 주세요.
매표원	네. 26,000원입니다.
박영준	여기 있습니다.
매표원	감사합니다.

어휘와 표현
Słownictwo
i wyrażenia

말씀 słowa, wypowiedź (hon. - aprecjat.)	부탁하다 prosić, upraszać
오래 długo, przez długi czas	곧바로 bezpośrednio
대신 zamiast	매표원 sprzedawca
부탁 드리다 polecać się, prosić o względy	서다 stawać, wstawać, powstawać, zatrzymywać się
앞으로 잘 부탁 드려요 polecam się na przyszłość	버스표 bilet autobusowy

문법 II
Gramatyka II

1 N 대신(에) 'zamiast N', 'w miejsce N'

Rzeczownik '대신' używany jest po rzeczowniku N, często z końcówką '-에' i oznacza 'zamiast N', 'w miejsce N'.

커피 대신에 차를 마셨습니다.

택시 대신에 지하철을 타고 왔습니다.

진수 대신에 파베우 씨가 왔습니다.

라면 대신 짜장면을 먹을까요?

2 Z1-기 전에 Z2 'Z2 przed Z1', 'Z2 zanim Z1'

Schemat zdaniowy 'Z1-기 전에 Z2' 'Z2 przed Z1', 'Z2 zanim Z1' komunikuje uprzedniość Z1 względem Z2. Schemat ten składa się z rzeczownika odczasownikowego na '-기', rzeczownika '전' z końcówką '-에' ('전에' 'przed', 'zanim').

친구를 만나기 전에 전화를 했어요.

짐을 부치기 전에 무게를 잽니다.

고향에 가기 전에 선물을 살 거예요.

밥을 먹기 전에 과일을 드세요.

◎ Z1-(으)ㄴ 후에 Z2 'Z2 po Z1'
Schemat zdaniowy 'Z1-(으)ㄴ 후에 Z2' 'Z2 po Z1' komunikuje następczość Z1 względem Z2. Schemat ten składa się z przeszłej formy przydawki czasownikowej, rzeczownika '후' z końcówką '-에' ('후에' 'po', 'następnie').

> Gdy temat czasownika kończy się na spółgłoskę (oprócz 'ㄹ'):
> V + 은 후에
>
> Gdy temat czasownika kończy się na samogłoskę: V + ㄴ 후에
>
> ✓ 'ㄹ' kończące temat czasownika ulega zanikowi, a temat bez 'ㄹ' łączy się bezpośrednio 'ㄴ 후에'.

졸업한 후에 폴란드에 돌아가려고 합니다.

수업이 끝난 후에 친구를 만났어요.

점심을 먹은 후에 커피를 마셨습니다.

여권을 만든 후에 비행기 표를 예약했어요.

3 V-다가 'w trakcie V'

Niefinitywna końcówka czasownikowa 'V-다가' 'w trakcie V' komunikuje sytuację, gdy w czasie czynności nazywanej przez V ma miejsce inne zdarzenie czyli działanie V zostaje przerwane i pozostaje niedokończone ('być w trakcie V, ale…').

학교에서 집으로 오다가 친구를 만났어요.

곧장 가다가 왼쪽으로 가세요.

숙제를 하다가 잠이 들었어요.

밥을 먹다가 전화를 받았습니다.

어휘와 표현
Słownictwo
i wyrażenia

짜장면 *jjajangmyeon*
(makaron z sosem, potrawa podawana w restauracjach chińskich w Korei)

무게 ciężar, waga

재다 mierzyć, dokonywać pomiaru

곧장 prosto, na wprost

연습 II
Ćwiczenia II

1 〈보기〉와 같이 대화를 완성하세요. Dokończ dialogi według wzoru.

> **보기**
> A 국을 끓이는데 간장이 없어요.
> B <u>간장 대신에</u> 소금을 넣으세요.

(1) A 오늘 나영 씨가 발표해야 하는데 안 왔어요.

B _______________ 제가 할게요.

(2) A 사과를 사려고 했는데 너무 비싸네요.

B _______________ 배를 사세요.

(3) A 내일은 모두 까만색 바지를 입으세요.

B _______________ 청바지를 입어도 돼요?

(4) A 나영 씨한테 생일 선물을 사 줄 거예요?

B _______________ 맛있는 점심을 사 줄 거예요.

2 〈보기〉와 같이 하세요. Uzupełnij zdania według wzoru.

> **보기**
> 예습을 하고 수업을 들었어요.
> → <u>예습을 한 후에</u> 수업을 들었어요.
> → <u>수업을 듣기 전에</u> 예습을 했어요.

(1) 밥을 먹고 설거지했어요.

→ _______________ 설거지했어요.

→ _______________ 밥을 먹었어요.

(2) 책을 여러 권 읽고 보고서를 썼어요.

→ _______________ 보고서를 썼어요.

→ _______________ 책을 여러 권 읽었어요.

(3) 전화를 먼저 하고 오세요.

→ _______________ 오세요.

→ _______________ 전화를 먼저 하세요.

(4) 옷을 한 번 빨고 입었어요.

→ _______________ 입었어요.

→ _______________ 옷을 한 번 빨았어요.

3 〈보기〉와 같이 문장을 완성하세요. Dokończ zdania według wzoru.

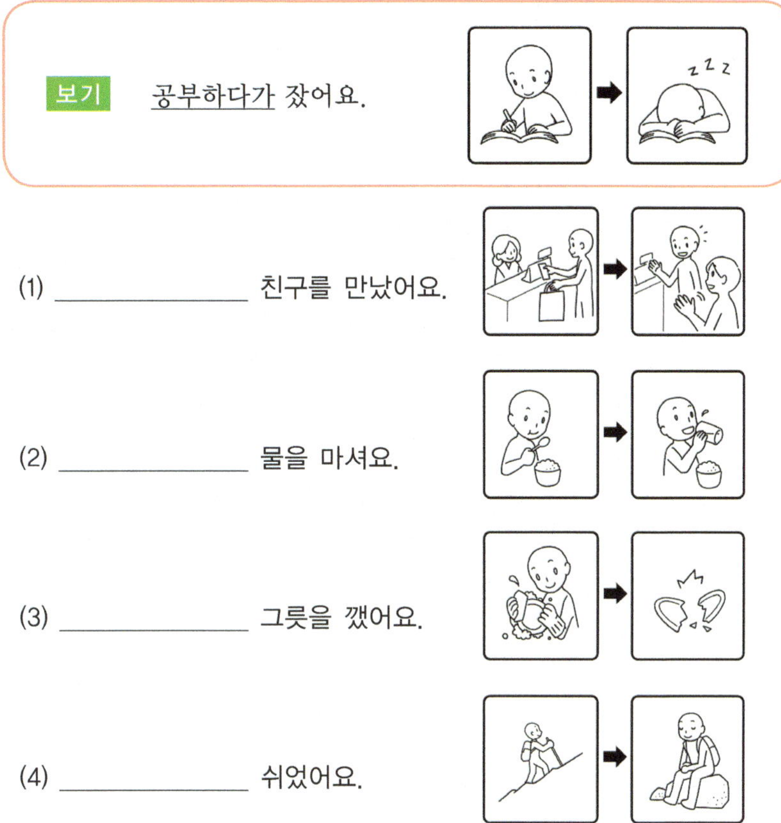

(1) _______________ 친구를 만났어요.

(2) _______________ 물을 마셔요.

(3) _______________ 그릇을 깼어요.

(4) _______________ 쉬었어요.

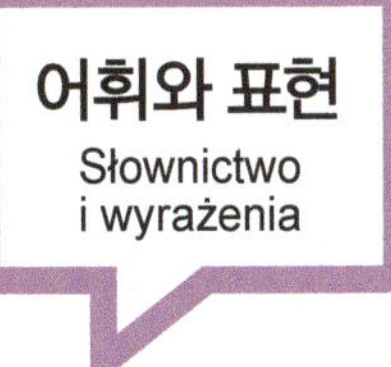

어휘와 표현

Słownictwo
i wyrażenia

국 zupa

간장 sos sojowy

소금 sól

발표하다 wygłaszać (referat), mieć odczyt

까만색 czerń, czarny kolor

바지 spodnie

예습 przygotowanie do zajęć (uprzednie)

설거지하다 zmywać naczynia

(옷을) 빨다 prać (ubranie)

그릇 naczynie, talerz, miska, itp.

깨다 potłuc, stłuc, rozbić (np. talerz)

연습 Ⅲ
Ćwiczenia Ⅲ

1 track15 여기는 어디입니까? 잘 듣고 맞는 장소를 연결하세요.
Wysłuchaj wypowiedzi i wybierz nazwę miejsca, o którym mowa.

(1) •   • (a) 도서관

(2) •   • (b) 미술관

(3) •   • (c) 극장

2 잘 듣고 질문에 답하세요. Wysłuchaj dialogu i odpowiedz na pytania.

(1) 내용과 같으면 O, 다르면 X 하세요. Oznacz symbolem „O" zdania
zgodne z treścią dialogu, symbolem „X" – zdania niezgodne z dialogiem.

(a) 오늘은 비빔밥을 만들 것입니다. (　　)
(b) 아이들은 시금치를 좋아합니다. (　　)
(c) 김밥은 외국 사람들도 좋아하는 음식입니다. (　　)

(2) 시금치 대신 무엇을 넣어도 된다고 했습니까?
Zaznacz, czym można zastąpić szpinak?

(a) 당근   (b) 호박   (c) 오이

3 다음 장소에서 할 수 있는 일과 할 수 없는 일에 대해서 〈보기〉와
같이 친구와 이야기해 보세요. Ułóż zdania o tym co wolno, a czego
nie należy robić w miejscach wskazanych w ramce.

도서관	서점	박물관	극장	백화점	식당	기숙사

· 사진을 찍다 · 담배를 피우다 · 술을 마시다 · 떠들다
· 잠을 자다 · 음식을 먹다 · 전화를 하다

> **보기**
> A 도서관에서 사진을 찍어도 돼요?
> B 네, 사진을 찍어도 돼요.
> A 떠들어도 돼요?
> B 아니요, 떠들면 안 돼요. 조용히 해야 돼요.

어휘와 표현
Słownictwo i wyrażenia

자리 miejsce	당근 marchew
미술관 galeria sztuk pięknych	시금치 szpinak
쌀 ryż (ziarno)	단무지 *tanmuji* (kiszona rzodkiew)
씻다 myć	오이 ogórek
쌀을 씻다 płukać ryż	호박 dynia

6과

음식이 입에 맞을지 모르겠어요

- 방문 (odwiedziny)
- 저녁 식사 (kolacja)
- 교통 (środki transportu)
- 기숙사 사무실 (biuro domów studenckich)

본문 I

박영준　여기가 우리 집이에요.
어머니　어서 들어와요.
미하우　안녕하세요?
박영준　미하우 씨, 우리 어머니세요.
　　　　어머니, 미하우 씨예요.
어머니　정말 반가워요. 비행기를 오래 타서 힘들었죠?
미하우　괜찮습니다. 고맙습니다.
박영준　미하우 씨, 이쪽으로 오세요.
　　　　여기가 미하우 씨가 오늘 잘 방이에요.
　　　　미하우 씨 마음에 들지 모르겠어요.
미하우　와! 정말 깨끗하네요.
　　　　그리고 방바닥이 따뜻하니까 정말 좋아요.
박영준　미하우 씨가 좋아하니까 저도 기분이 좋네요.
　　　　욕실은 저쪽이에요.
　　　　손을 씻고 식사하러 오세요.

track 16

어머니　어서 와서 앉아요. 한국 음식 잘 먹어요?
미하우　그럼요. 아주 좋아해요.
어머니　음식이 입에 맞을지 모르겠어요.
미하우　맛있을 것 같아요. 잘 먹겠습니다.
박영준　요즘 진수는 어떻게 지내요?
미하우　아주 잘 지내요.
박영준　폴란드 말도 잘해요?
미하우　네. 폴란드 말이 많이 늘었어요.
박영준　진수는 언제 한국에 와요?
미하우　9월이나 10월에 올 거예요.
박영준　진수가 오면 우리 셋이 같이 여행 갈래요?
미하우　그거 좋은 생각이에요.

어휘와 표현

Słownictwo
i wyrażenia

마음에 들다 podobać się　　　　입에 맞다 smakować KOMU
방바닥 podłoga　　　　　　　　늘다 poprawiać się, polepszać się
식사하다 jeść

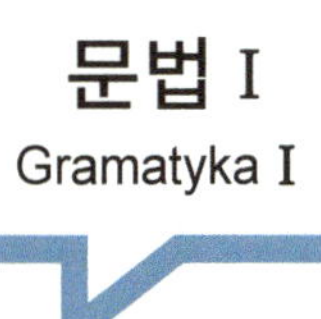

1 V/A-(으)ㄹ지

Konstrukcja 'V/A-(으)ㄹ지' komunikuje znaczenie niepewności nadawcy co do opisywanego faktu, zdarzenia, sytuacji, stanu V/A. Zazwyczaj po konstrukcji 'V/A-(으)ㄹ지' następuje '모르다' 'nie wiedzieć', '알고 싶다' 'chcieć się dowiedzieć', '궁금하다' 'być ciekawym CZEGO', '묻다' 'pytać'.

진수 씨가 폴란드에서 잘 지낼지 모르겠어요.

이번 시험이 얼마나 어려울지 모르겠습니다.

그 일을 내일까지 끝낼 수 있을지 궁금해요.

지금 출발하면 늦지 않을지 알고 싶어요.

내일 같이 갈지 물어볼게요.

2 N1(이)나 N2 'N1 albo N2', 'N1 lub N2'

Egzemplifikatywna końcówka rzeczownikowa '(이)나' znaczy 'lub', 'albo' i występuje w konstrukcji wyboru 'N1(이)나 N2' 'N1 albo N2', 'N1 lub N2'.

저는 아침에 빵이나 과일을 먹어요.

내일은 진수 씨나 영준 씨가 올 거예요.

A 어디에 가고 싶어요?

B 경복궁이나 창덕궁에 가고 싶어요.

A 언제 만날까요?

B 다음 주 월요일이나 화요일이 좋아요.

3 V-(으)ㄹ래요

Finitywna konstrukcja 'V-(으)ㄹ래요' używana jest, gdy nadawca chce zasygnalizować zamiar zrobienia V. Konstrukcji tej można używać wyłącznie w sytuacjach nieformalnych. W zdaniach pytajnych przedmiotem pytania jest zamiar adresata.

A 뭐 먹을래요?

B 김치볶음밥을 먹을래요.

A 영준 씨, 커피 마실래요?

B 아니요, 홍차 마실래요.

A 지금 축구할래요?

B 피곤해요. 쉴래요.

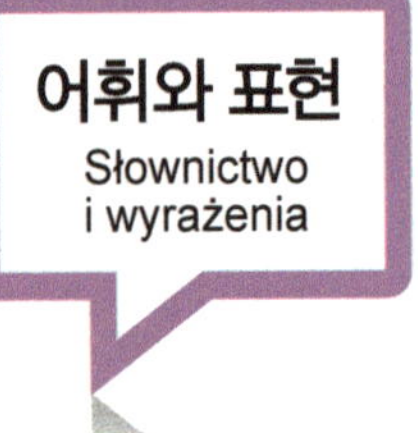

김치볶음밥 *kimchi-bokkeumbap* (ryż smażony z *kimchi* i innymi dodatkami)

축구하다 grać w piłkę nożną

연습 I
Ćwiczenia I

1 〈보기〉와 같이 대화를 완성하세요. Dokończ dialogi według wzoru.

> **보기**
>
> A 진수 씨가 언제 올까요?
> B 글쎄요, <u>언제 올지</u> 모르겠어요.

(1) A 극장까지 얼마나 걸릴까요?

　 B 글쎄요, ＿＿＿＿＿＿＿＿＿ 모르겠어요.

(2) A 미하우 씨가 도와줄까요?

　 B 글쎄요, ＿＿＿＿＿＿＿＿＿ 모르겠어요.

(3) A 선생님께서 사무실에 계실까요?

　 B 글쎄요, ＿＿＿＿＿＿＿＿＿ 모르겠어요.

(4) A 나영 씨가 무슨 선물을 좋아할까요?

　 B 글쎄요, ＿＿＿＿＿＿＿＿＿ 모르겠어요.

2 〈보기〉와 같이 대화를 완성하세요. Dokończ dialogi według wzoru.

> **보기**
>
> A 점심에 뭘 먹을까요?
> B <u>김치찌개나 비빔밥을 먹읍시다</u>. (김치찌개, 비빔밥)

(1) A 뭘 사 갈까요?

　 B ＿＿＿＿＿＿＿＿＿＿＿. (사과, 포도)

(2) A 뭘 넣을까요?

　 B ＿＿＿＿＿＿＿＿＿＿＿. (당근, 호박)

(3) A 뭘 만들까요?

　 B ＿＿＿＿＿＿＿＿＿＿＿. (피에로기, 돈가스)

(4) A 무슨 요일에 만날까요?

　 B ＿＿＿＿＿＿＿＿＿＿＿. (금요일, 토요일)

3 〈보기〉와 같이 대화를 완성하세요. Dokończ dialogi według wzoru.

> **보기**
> A <u>한국 음식 먹을래요</u>? (한국 음식, 먹다)
> B 네, <u>먹을래요</u>.

(1) A ________________________________? (커피, 마시다)

B 네, ________________.

(2) A ________________________________? (책, 읽다)

B 네, ________________.

(3) A ________________________________? (음악, 듣다)

B 네, ________________.

(4) A ________________________________? (영화, 보다)

B 네, ________________.

4 〈보기〉와 같이 대화를 완성하세요. Dokończ dialogi według wzoru.

> **보기**
> A 어디에 갈래요?
> B <u>남대문시장에 갈래요</u>. (남대문시장)

(1) A 어디에서 기다릴래요?

B ________________. (학교 앞 커피숍)

(2) A 뭐 마실래요?

B ________________. (포도 주스)

(3) A 무슨 옷을 살래요?

B ________________. (예쁜 청바지)

(4) A 몇 시에 출발할래요?

B ________________. (11시)

어휘와 표현
Słownictwo
i wyrażenia

계시다 być, znajdować się, przebywać (hon. – aprecjat.)

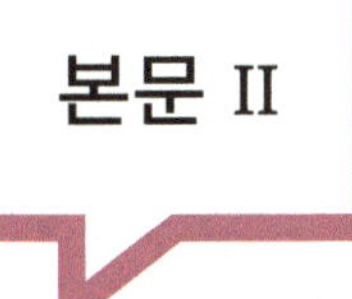

본문 II

track 17

박영준 　잘 잤어요?

미하우 　네. 아주 잘 잤어요. 영준 씨는요?

박영준 　저도 잘 쉬었어요.

미하우 　여기서 학교까지 어떻게 가요?

박영준 　지하철로 가면 돼요.
　　　　3호선을 타고 가다가 교대역에서 2호선으로 갈아타면 돼요.

미하우 　버스는 없어요?

박영준 　버스도 있지만 두 번 갈아타야 돼요.
　　　　시간도 더 많이 걸리고요.

미하우 　그럼 지하철이 더 좋겠네요.
　　　　그렇지만 지하철도 갈아타야 돼서 잘 찾아갈 수 있을지
　　　　모르겠어요.

박영준 　걱정하지 마세요.
　　　　지하철 노선도를 보면 쉽게 찾을 수 있어요.
　　　　그리고 오늘은 제가 같이 갈게요.

미하우 　정말요? 고마워요.

박영준 　10시까지 가려면 서둘러야 돼요. 30분 후에 출발합시다.

미하우 　네. 알았어요.

어휘와 표현
Słownictwo
i wyrażenia

호선 numer linii (metra)

갈아타다 przesiadać się

찾아가다 odnaleźć, znaleźć

노선도 plan linii (np. metra), mapa

서두르다 śpieszyć się

박영준　여기가 기숙사 사무실이에요.
　　　　들어가 봅시다.

직원　　어떻게 오셨습니까?

박영준　이 학생은 폴란드 교환학생인데 오늘 기숙사에 들어가려고
　　　　왔어요.

직원　　아, 그래요? 이름이 어떻게 돼요?

미하우　미하우 코발스키입니다.

직원　　네. 여권하고 입학허가서 좀 보여 주시겠어요?

미하우　여기 있습니다.

직원　　네. 잠깐만 기다리세요.
　　　　910동 501호네요. 지금 바로 방에 들어갈 수 있어요.
　　　　방 열쇠를 갖다 드릴게요.

미하우　네. 감사합니다.

직원　　열쇠 여기 있어요.
　　　　기숙사 방에 있는 물건에 대해서 설명을 해 드릴게요.
　　　　방에 침대랑 책상, 옷장은 있지만 이불이랑 수건은 미하우
　　　　씨가 준비해야 돼요.

미하우　네. 알고 있습니다.

직원　　혹시 열쇠를 잃어버리거나 시설이 고장 나면 여기로
　　　　전화해 주세요.

미하우　네. 알겠습니다. 감사합니다.

어휘와 표현
Słownictwo
i wyrażenia

직원 pracownik, pracownicy	옷장 szafa na ubrania
이름이 어떻게 돼요? jak się pan/pani nazywa?	이불 kołdra
동 numer budynku	수건 ręcznik
열쇠 klucz, klucze	잃어버리다 zgubić, stracić
갖다 드리다 przynieść, zanieść (hon.)	시설 wyposażenie (pomieszczenia)
설명 wyjaśnienie, objaśnienie	고장 나다 zepsuć się, mieć awarię

문법 II
Gramatyka II

1 Z1-(으)려면 Z2 'jeśli chce się Z1 to (trzeba) Z2'

Schemat zdaniowy 'Z1-(으)려면 Z2' można tłumaczyć na polski jako 'jeśli chce się osiągnąć Z1 to (trzeba, należy) Z2'. Orzeczenie główne zazwyczaj przybiera formę rozkaźnika '-(으)세요' bądź wyraża znaczenie konieczności, nieodzowności jakiegoś działania '해야 되다' 'trzeba, musieć'.

바르샤바 대학에 가려면 무엇을 타야 돼요?

한국어를 잘하려면 노력을 해야 됩니다.

폴란드에 전화하려면 어떻게 해야 돼요?

점심을 먹으려면 어디로 가야 돼요?

저를 만나려면 도서관으로 오세요.

2 N에 대해(서) 'o N'

Konstrukcja 'N에 대해(서)' 'o N' wskazuje, że N jest tematem jakiejś wypowiedzi bądź przedmiotem wiedzy czy też zainteresowania ('에 대해 관심이 많다' 'interesować się CZYM').

저는 바르샤바에 대해서 잘 몰라요.

폴란드의 날씨에 대해서 말해 주세요.

표트르 씨는 한국 문화에 대해서 관심이 많아요.

◎ W stylu pisanym często używana jest postać 'N에 대해' lub 'N에 대하여'.

3 N1(이)랑 N2 'N1 i N2', 'N1 oraz N2', 'N1 wraz z N2'

Końcówka '(이)랑' 'i', 'oraz' jest używana w stylu potocznym w konstrukcji 'N1(이)랑 N2' 'N1 i N2', 'N1 oraz N2', 'N1 wraz z N2'. Odpowiednikiem tej końcówki w stylu pisanym jest '와/과'.

사과랑 배를 삽시다.

파베우 씨는 한국어랑 일본어를 모두 배웠습니다.

여권이랑 비자는 준비했습니다. 이제 비행기 표를 삽시다.

4 Z1-거나 Z2 'Z1 lub Z2', 'Z1 albo Z2'

W schemacie zdaniowym 'Z1-거나 Z2' 'Z1 lub Z2', 'Z1 albo Z2' sugerowany jest wybór jednej z przynajmniej dwóch możliwości wyboru zdarzenia (działania, sytuacji, cechy, itp.).

저는 시간이 나면 음악을 듣거나 영화를 봐요.

이 일은 진수 씨가 하거나 파베우 씨가 할 거예요.

늦으면 택시를 타거나 지하철을 타겠습니다.

나영 씨에게 전화를 하거나 이메일을 보내겠습니다.

편지는 영준 씨에게 주거나 사무실에 맡겨 주세요.

어휘와 표현
Słownictwo i wyrażenia

노력 wysiłek

시간이 나다 dysponować czasem, mieć czas

맡기다 powierzyć CO (KOMU), zostawić CO GDZIE DLA KOGO

1 〈보기〉와 같이 대화를 만드세요. Utwórz dialogi według wzoru.

> 보기　　A 광화문에 가려면 어떻게 해야 돼요? (광화문에 가다)
> 　　　　B 142번 버스를 타세요. (142번 버스를 타다)

(1) A ＿＿＿＿＿＿＿＿＿ 어떻게 해야 돼요? (박 선생님을 만나다)

　　 B ＿＿＿＿＿＿＿＿＿. (사무실로 가다)

(2) A ＿＿＿＿＿＿＿＿＿ 어떻게 해야 돼요? (노래를 잘 부르다)

　　 B ＿＿＿＿＿＿＿＿＿. (매일 연습을 하다)

(3) A ＿＿＿＿＿＿＿＿＿ 어떻게 해야 돼요? (한국어를 잘하다)

　　 B ＿＿＿＿＿＿＿＿＿. (한국 친구하고 이야기하다)

(4) A ＿＿＿＿＿＿＿＿＿ 어떻게 해야 돼요? (옷을 싸게 사다)

　　 B ＿＿＿＿＿＿＿＿＿. (남대문시장에 가다)

2 〈보기〉와 같이 대화를 완성하세요. Dokończ dialogi według wzoru.

> 보기　　A 무슨 과일을 살까요?
> 　　　　B 사과랑 배를 삽시다. (사과 + 배)

(1) A 누가 아직 안 왔어요?

　　 B ＿＿＿＿＿＿＿＿＿＿＿. (미하우 씨 + 진수 씨)

(2) A 뭘 시킬까요?

　　 B ＿＿＿＿＿＿＿＿＿＿＿. (냉면 + 비빔밥)

(3) A 뭘 주문했어요?

　　 B ＿＿＿＿＿＿＿＿＿＿＿. (가방 + 구두)

(4) A 무슨 악기를 연주할 줄 알아요?

　　 B ＿＿＿＿＿＿＿＿＿＿＿. (피아노 + 바이올린)

3 〈보기〉와 같이 대화를 완성하세요. Dokończ dialogi według wzoru.

보기 A 집에 가면 보통 뭐 해요?
　　　 B <u>책을 읽거나 텔레비전을 봐요</u>. (책을 읽다, 텔레비전을 보다)

(1) A　주말에 보통 뭐 해요?
　　 B　_______________________. (운동을 하다, 공부를 하다)

(2) A　클럽에 가면 뭐 해요?
　　 B　_______________________. (음악을 듣다, 춤을 추다)

(3) A　친구를 만나면 뭐 해요?
　　 B　_______________________. (영화를 보다, 커피를 마시다)

(4) A　학교에 어떻게 가요?
　　 B　_______________________. (버스를 타다, 걸어서 가다)

4 〈보기〉와 같이 대화를 완성하세요. Dokończ dialogi według wzoru.

보기
A 어디에서 갈아타야 돼요?
B <u>교대역에서 3호선으로 갈아타세요</u>.

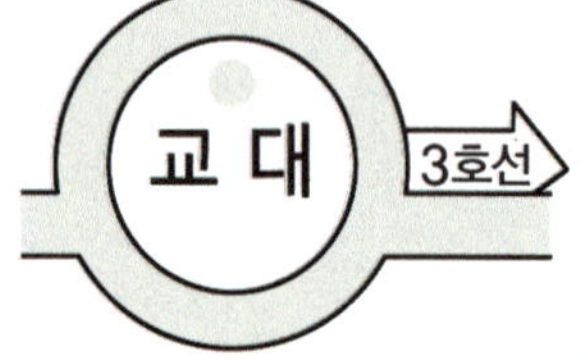

(1) A　어디에서 갈아타야 돼요?
　　 B　_______________________.

(2) A　어디에서 갈아타야 돼요?
　　 B　_______________________.

주문하다

(3) A 어디에서 갈아타야 돼요?

B _______________________.

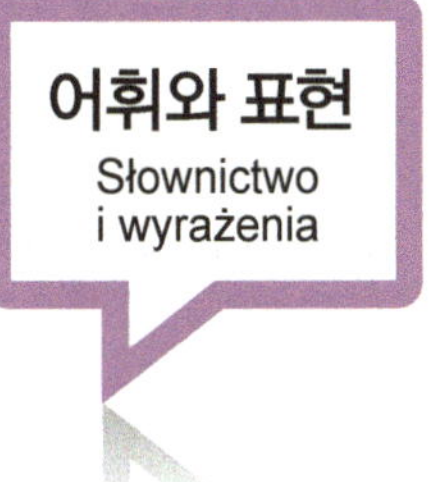

(4) A 어디에서 갈아타야 돼요?

B _______________________.

어휘와 표현
Słownictwo
i wyrażenia

주문하다 zamawiać

연습 Ⅲ
Ćwiczenia Ⅲ

track 18

1 질문을 듣고 알맞은 대답을 찾아 연결하세요.
Wysłuchaj pytań i zaznacz poprawne odpowiedzi.

(1) •　　　　　　　　　• (a) 도서관 앞에서 왼쪽으로 가세요.

(2) •　　　　　　　　　• (b) 도서관으로 가세요.

(3) •　　　　　　　　　• (c) 책을 읽거나 영화를 볼래요.

2 잘 듣고 질문에 답하세요. Wysłuchaj dialogu i odpowiedz na pytania.

(1) 이 사람은 어디에서 버스를 타야 합니까?
Zaznacz, w którym miejscu uczestnik dialogu ma wsiąść do autobusu.

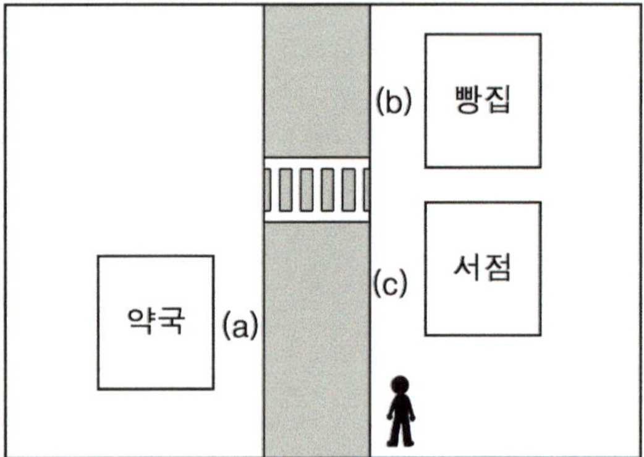

(2) 이 사람은 몇 번 버스를 탈까요?
Zaznacz numer autobusu, do którego należy wsiąść.

(a) 411번　　　　　　(b) 421번　　　　　　(c) 422번

3 아래의 글을 읽고 다음 약도를 완성해 보세요.
Przeczytaj poniższy tekst i uzupełnij mapkę.

　　우리 집에 가려면 학교 앞에서 횡단보도를 건너야 합니다. 횡단보도를 건너서 앞으로 쭉 가면 사거리가 있는데 사거리에서 오른쪽으로 가야 합니다. 오른쪽으로 쭉 가다가 서점 앞에서 횡단보도를 건넙니다. 횡단보도를 건너서 오른쪽으로 가면 커피숍이 있습니다. 커피숍 옆집이 우리 집입니다.

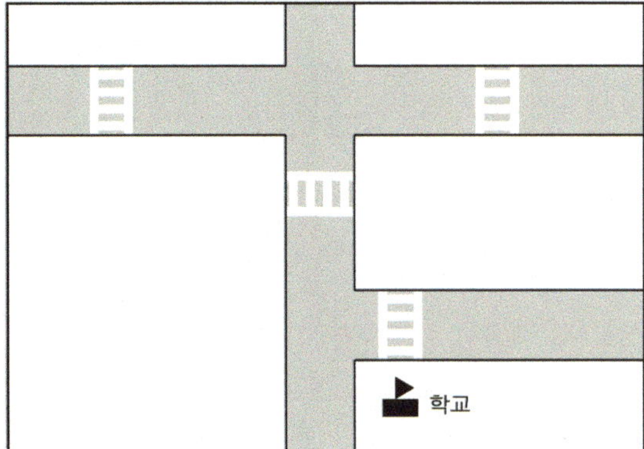

4 학교에서 여러분 집에 가려면 어떻게 해야 하는지 친구에게 설명해
보세요. 필요하다면 아래에 약도를 그려 보세요.
Naszkicuj drogę z uniwersytetu do domu i ją opisz.

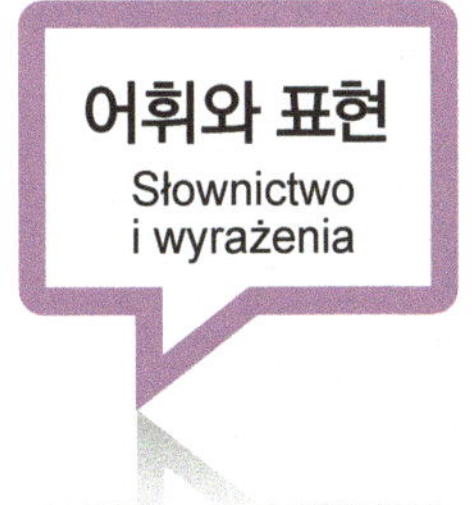

어휘와 표현
Słownictwo
i wyrażenia

빵집 piekarnia (cukiernia)

정류장 przystanek autobusowy

횡단보도 przejście dla pieszych

건너다 przechodzić na drugą stronę ulicy

사거리 skrzyżowanie

옆집 dom, mieszkanie sąsiadów (tuż obok)

기숙사에서 살아 본 적이 있어요?

- 룸메이트 (współlokator)
- 기숙사 구경 (zwiedzanie akademika)
- 가족사진 (zdjęcie rodzinne)
- 수강신청 (rejestracja na zajęcia)

본문 I

미하우 안녕하세요?

최민우 저랑 같이 이 방 쓸 분이세요?

미하우 네. 맞아요.
폴란드에서 온 미하우라고 합니다.

최민우 저는 경영학과 최민우예요.
이제 같이 지낼 텐데 잘 부탁합니다.

미하우 저도 잘 부탁합니다.

최민우 언제 한국에 왔어요?

미하우 어제 오후에 도착했어요.

최민우 그럼 피곤할 텐데 좀 쉬세요.

미하우 괜찮아요.
기숙사를 좀 둘러보고 나서 쉴게요.

최민우 그래요? 그럼 나하고 같이 둘러봐요.

미하우 시간이 괜찮아요?

최민우 네. 오늘은 오전 강의밖에 없어요.

미하우 그럼 좀 도와주세요. 고맙습니다.

어휘와 표현

Słownictwo
i wyrażenia

경영학과 wydział zarządzania

둘러보다 rozejrzeć się, rozglądać się

강의 wykład, wykłady

최민우　전에 기숙사에서 살아 본 적이 있어요?

미하우　네. 폴란드에서 1년 반 동안 기숙사에서 살았어요.

최민우　그랬군요.
　　　　그럼 어디부터 볼까요?

미하우　식당하고 매점은 어디 있어요?

최민우　910동하고 911동 사이에 있어요.

미하우　이 건물 안에는 없군요.

최민우　이 건물 안에는 샤워실, 화장실, 부엌, 세탁실이 있어요.
　　　　샤워실, 화장실, 부엌은 모든 층에 있고 세탁실은 지하에
　　　　있어요. 우리 층 샤워실이랑 화장실은 이쪽에 하나, 저쪽에
　　　　하나 있어요. 부엌은 저쪽 끝에 있고요.

미하우　운동 시설은요?

최민우　식당 건물 지하에 있어요.
　　　　식당 건물에는 매점하고 체력 단련실이 있어요.

미하우　그렇군요. 저는 축구를 좋아하는데 운동장은 없어요?

최민우　운동장은 913동 앞에 있어요.
　　　　거기서 축구를 할 수 있어요.

어휘와 표현
Słownictwo
i wyrażenia

사이 między, pomiędzy

샤워실 prysznic (pomieszczenie)

화장실 toaleta, WC

세탁실 pralnia

모든 wszyscy, wszystkie, wszystek

지하 podziemna kondygnacja

끝 koniec

체력 단련실 siłownia

문법 I
Gramatyka I

1 Z1-(으)ㄹ 텐데 Z2 'będzie Z1, więc Z2'

Konstrukcja 'Z1-(으)ㄹ 텐데 Z2' 'będzie Z1, więc Z2' używana jest w sytuacji, gdy Z1 komunikuje przypuszczenie dotyczące zdarzenia, stanu, procesu, które równocześnie jest uzasadnieniem propozycji albo pytania zawartego w Z2.

오후에는 비가 올 텐데 우산을 갖고 가세요.

내일은 바쁠 텐데 다음에 갑시다.

파베우 씨는 사무실에 있을 텐데 거기서 만날까요?

시끄러울 텐데 공부할 수 있겠어요?

2 V-고 나서 'po (zakończeniu) V'

Konstrukcja 'V-고 나서' 'po (zakończeniu) V' komunikuje zakończenie czynności opisywanej przez V, po której następuje inna czynność.

책을 읽고 나서 토론을 해 봅시다.

청소를 하고 나서 식사를 했어요.

전화를 걸고 나서 친구 집에 갔습니다.

박물관을 구경하고 나서 점심을 먹었어요.

3 V-(으)ㄴ 적이 있다 'doświadczyć V', '(kiedyś) zrobiłem/ zrobiłeś/zrobił/zrobiła/zrobili V'

Konstrukcja 'V-(으)ㄴ 적이 있다' 'doświadczyć V' komunikuje, że czynność, zdarzenie, proces, stan V należy do zbioru doświadczeń lub zasobu wiedzy podmiotu. W przypadku, gdy podmiot nigdy nie doświadczył V używana jest konstrukcja 'V-(으)ㄴ 적이 없다' '(do tej pory, nigdy) nie doświadczyć V'.

저는 한국에 가 본 적이 있습니다.

파베우 씨는 번역 아르바이트를 해 본 적이 있어요.

진수 씨는 기숙사에 산 적이 있어요.

저는 그런 소문을 들은 적이 없습니다.

지금까지 수업에 결석한 적이 없습니다.

어휘와 표현

Słownictwo
i wyrażenia

토론 dyskusja

번역 tłumaczenie (pisemne)

그런 taki

소문 plotka

연습 I
Ćwiczenia I

1 알맞은 문장을 골라 〈보기〉와 같이 바꿔 쓰세요.
Przekształć poniższe zdania według wzoru.

시험이 어려울 거예요.	밖이 추울 거예요.
음식이 뜨거울 거예요.	내일은 바쁠 거예요.
백화점은 비쌀 거예요.	영화가 재미있을 거예요.

보기　　　　<u>시험이 어려울 텐데</u> 열심히 공부하세요.

(1) ___________________ 따뜻한 옷을 입으세요.

(2) ___________________ 같이 보러 갈래요?

(3) ___________________ 천천히 드세요.

(4) ___________________ 시장에 가서 살까요?

2 다음은 미하우 씨가 아침에 하는 일입니다. 'V-고 나서'를 써서 글을 완성하세요. Dokończ poniższy tekst o poranku Michała, używając konstrukcji 'V-고 나서'.

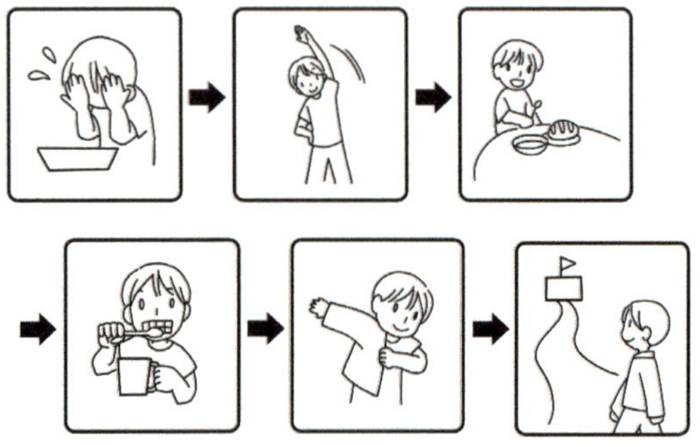

미하우 씨는 세수를 하고 나서 운동을 합니다. ___________________ 아침을 먹습니다. ___________________ 이를 닦습니다. ___________________ 옷을 입습니다. ___________________ 학교에 갑니다.

3 〈보기〉와 같이 대화를 완성하세요. Dokończ dialogi według wzoru.

> 보기
>
> A 수영을 배운 적이 있어요? (수영, 배우다)
>
> B 네, 있어요. / 아니요, 없어요.

(1) A ___________________________________? (중국 영화, 보다)

  B 네, ____________.

(2) A ___________________________________? (한국 노래, 듣다)

  B 네, ____________.

(3) A ___________________________________? (지갑, 잃어버리다)

  B 아니요, ____________.

(4) A ___________________________________? (유명한 사람, 만나다)

  B 아니요, ____________.

어휘와 표현

Słownictwo i wyrażenia

뜨겁다 być gorącym (o ciałach stałych i cieczach)

세수 mycie się

이 ząb, zęby (ludzkie)

이를 닦다 szczotkować zęby

지갑 portfel

본문 II

track 20

최민우 와, 벌써 짐 정리를 다 했어요?
미하우 네. 짐이 별로 없어서 일찍 끝났어요.
최민우 이건 미하우 씨 가족사진이에요?
미하우 네. 작년 크리스마스 때 찍은 사진이에요.
최민우 모두 즐거워 보여요.
그런데 이 사람은 누구예요?
미하우 씨하고 많이 닮았어요.
미하우 우리 형이에요.
최민우 눈이 정말 많이 닮았네요.
미하우 얼굴은 비슷한데 성격은 아주 달라요.
저는 조용한데 형은 아주 씩씩하고 남성적이에요.

어휘와 표현
Słownictwo
i wyrażenia

정리 porządkowanie, uporządkowanie, porządek

닮다 być podobnym do KOGO/CZEGO

성격 charakter (człowieka)

씩씩하다 być energicznym, stanowczym

남성적 męski

최민우 미하우 씨, 힘들어 보여요. 무슨 일 있어요?

미하우 내일까지 수강신청을 해야 되는데 어떻게 하는지 몰라서요.

최민우 어렵지 않아요. 내가 도와줄게요.
인터넷으로 할 수 있어요.

미하우 아, 그래요? 지금 좀 도와줄 수 있어요?

최민우 네. 우선 컴퓨터를 켜 보세요.

미하우 네. 잠깐만요.

최민우 자, 여기 학교 홈페이지로 들어가서 회원가입을 하고
로그인을 하세요.

미하우 했어요.

최민우 여기 '재학생'을 클릭하세요. 그러면 '수강편람'이 나와요.
여기서 듣고 싶은 강의를 찾아보세요.

미하우 네.

최민우 그 다음에 '수강신청'이 있지요? 이걸 누르면 돼요.

미하우 생각보다 간단하네요.

최민우 맞아요. 이제 미하우 씨가 직접 해 보세요.

어휘와 표현
Słownictwo
i wyrażenia

수강신청 rejestracja na zajęcia

우선 najpierw (przede wszystkim)

홈페이지 strona internetowa

회원가입 rejestracja (przyjęcie w poczet członków)

로그인 logowanie (się)

재학생 student

클릭하다 kliknąć (myszką)

수강편람 spis zajęć (przewodnik po wykładach)

찾아보다 szukać

누르다 naciskać, przyciskać (klikać)

간단하다 być prostym, nieskomplikowanym

직접 osobiście, bezpośrednio

1 A-아/어 보이다 'wyglądać na A', 'robić wrażenie A'

Konstrukcję 'A-아/어 보이다' można tłumaczyć na polski jako 'wyglądać na A', 'robić wrażenie A' .

그 사람은 아주 착해 보였어요.

이것과 저것은 똑같아 보입니다.

요즘 파베우 씨는 아주 피곤해 보여요.

이 사과가 맛있어 보였는데, 맛이 없어요.

2 N와/과 닮다 'być podobnym do N', 'przypominać N'

Konstrukcja 'N와/과 닮다' 'być podobnym do N', 'przypominać N' komunikuje podobieństwo N pod względem kształtu, wyglądu, charakteru, itp. do danego obiektu. Zamiast 'N와/과 닮다' można stosować konstrukcję 'N 을/를 닮다' lub 'N하고 닮다'.

진수 씨는 아버지와 많이 닮았어요.

파베우 씨는 웃는 모습이 형과 꼭 닮았습니다.

그 집 아이들의 행동은 부모의 행동을 닮았어요.

A 아기가 누구하고 닮았어요?

B 엄마하고 많이 닮았어요.

3 N-적

Przyrostek '-적' może być dodawany do niektórych rzeczowników sinokoreańskich jako element tworzący właściwe przymiotniki odrzeczownikowe. Postać 'N-적' można tłumaczyć na polski jako 'mający charakter N', 'związany z N' ('typowo JAKI', 'charakterystycznie JAKI', itp.).

저는 한국적인 노래를 가장 좋아합니다.

오늘은 전국적으로 비가 오겠습니다.

한복은 한국의 전통적인 옷입니다.

높은 물가는 사회적인 문제입니다.

어휘와 표현
Słownictwo i wyrażenia

똑같다 być identycznym

웃다 śmiać się

모습 kształt, wygląd, wizerunek, figura (np. człowieka)

부모 rodzice

엄마 mama

한국적 koreański

전국적 ogólnokrajowy

전통적 tradycyjny

물가 cena towarów

사회적 społeczny, socjalny

연습 II
Ćwiczenia II

1 〈보기〉와 같이 하세요. Utwórz formy według wzoru.

> 보기   맛있다 → <u>맛있어 보여요</u>.

(1) 크다 → ___________.　　(2) 슬프다 → ___________.

(3) 따뜻하다 → ___________.　　(4) 작다 → ___________.

(5) 춥다 → ___________.　　(6) 우울하다 → ___________.

(7) 지루하다 → ___________.

2 〈보기〉와 같이 대화를 완성하세요. Dokończ dialogi według wzoru.

> 보기
> A <u>아파 보여요</u>. (아프다)
> B 네, 감기에 걸려서 아파요.

(1) A ___________________. (힘들다)

　　B 네, 일이 너무 많아서 힘들어요.

(2) A 책이 ___________________. (어렵다)

　　B 네, 모르는 단어가 많아서 어려워요.

(3) A ___________________. (바쁘다)

　　B 네, 요즘 아르바이트 때문에 바빠요.

(4) A ___________________. (기분이 좋다)

　　B 네, 오늘 생일 선물을 받아서 기분이 좋아요.

3 맞는 것을 골라 문장을 완성하세요.
Uzupełnij poniższe zdania końcówkami z ramki.

에서	하고	에	밖에

(1) 저는 어머니(　　) 눈이 닮았어요.

(2) 음식이 입(　　) 맞아요?

(3) 기숙사 생활(　　) 대해서 설명해 드리겠습니다.

(4) 오늘은 커피를 한 잔(　　) 안 마셨어요.

어휘와 표현
Słownictwo i wyrażenia

우울하다 być przygnębionym, smutnym

지루하다 być nużącym, nudnym

연습Ⅲ
Ćwiczenia Ⅲ

track 21

1 팩스를 보내려면 어떻게 해야 합니까? 잘 듣고 순서대로 번호를 쓰세요.
Wysłuchaj dialogu i zaznacz kolejność czynności przy wysyłaniu faksu.

> '시작' 버튼을 누릅니다. (   )
>
> 보낼 종이를 넣습니다. (   )
>
> 팩스 번호를 누릅니다. (   )

2 잘 듣고 표트르 씨가 해 본 적이 있는 일을 모두 고르세요.
Wysłuchaj dialogu i zaznacz zdania, które opisują to, co zrobił Piotr i gdzie był.

(1) 일본에 가 본 적이 있어요.

(2) 중국에 가 본 적이 있어요.

(3) 사진 대회에서 상을 탄 적이 있어요.

(4) 클럽에서 연주한 적이 있어요.

3 경험한 일에 대해 친구와 이야기해 보세요.
Utwórz dialogi dotyczące przeszłych doświadczeń według wzoru.

보기

A 불고기를 먹어 본 적이 있어요?

B 네, 먹어 본 적이 있어요.

A 헬리콥터를 타 본 적이 있어요?

B 아니요, 타 본 적이 없어요.

· 여자 친구(남자 친구)를 사귀다

· 펜팔하다

· 외국에 여행 가다

· 12시간 이상 자다

· 말을 타다

· 다른 나라 음식을 만들다

· 연극을 하다

· ___________________________

4 〈보기〉와 같이 자신과 가족에 대해서 이야기해 보세요.
Opisz siebie i swoją rodzinę według wzoru.

> **보기**
>
> A 미하우 씨는 누구하고 닮았어요?
>
> B 저는 어머니하고 닮았어요.
>
> A 어디가 닮았어요?
>
> B 눈하고 입이 닮았어요.

어휘와 표현
Słownictwo
i wyrażenia

팩스 faks

종이 papier

시작 początek, start

버튼 przycisk, guzik, klawisz

번호 numer

자기소개 przedstawianie się

일본 Japonia

유럽 Europa

대회 konkurs

상을 타다 otrzymać nagrodę, zostać nagrodzonym

헬리콥터 helikopter

펜팔하다 mieć korespondencyjnego przyjaciela/przyjaciółkę

이상 więcej niż, powyżej

연극 spektakl, przedstawienie teatralne

8과

주말에 같이 경복궁에 놀러 가기로 했어요

- 기숙사 식당 (stołówka w akademiku)
- 국제전화 (rozmowa międzynarodowa)
- 휴대전화 (telefon komórkowy)
- 일기 (pamiętnik, dziennik)

최민우 여기가 기숙사 식당이에요.

미하우 와, 굉장히 크네요.
들어가서 주문하면 되지요?

최민우 아니요. 저기서 메뉴를 보고 먹을 음식을 고른 다음에
식권을 사서 들어가야 돼요.
오늘 메뉴는 김치볶음밥하고 순두부찌개네요.
뭐 먹을 거예요?

미하우 순두부찌개는 매워요?

최민우 조금 맵지만 김치볶음밥보다 덜 매워요.

미하우 그럼 저는 순두부찌개를 먹을래요.

최민우 저는 김치볶음밥 먹을래요.
저 먼저 식권을 살게요.
저기요, 김치볶음밥 하나 주세요.

어휘와 표현
Słownictwo i wyrażenia

굉장히 niezwykle, bardzo

고르다 wybierać

식권 talon obiadowy

순두부찌개 *sundubu-jjigae* (zupa z dodatkiem sera sojowego pokrojonego w kostkę)

덜 mniej

저기요 proszę pani/pana (sposób zwrócenia uwagi rozmówcy)

미하우	안녕하세요? 폴란드로 국제전화를 걸고 싶은데요.

미하우   안녕하세요? 폴란드로 국제전화를 걸고 싶은데요.
        어떻게 하면 되는지 좀 가르쳐 주세요.

직원   매점에서 국제전화 카드를 사서 식당 앞에 있는 공중전화
        에서 걸면 돼요.

미하우   네. 알겠습니다.
        그런데 휴대전화는 어디서 살 수 있어요?

직원   서울대입구역 근처에 있는 휴대전화 대리점에 가면 돼요.
        저기 소피 씨가 있네요.
        소피 씨가 잘 알 거예요.
        문 앞에 서 있는 사람이 소피 씨예요. 소피 씨!

소피   네?

직원   이 학생에게 외국 학생이 어떻게 휴대전화를 살 수 있는지
        좀 알려 주세요.

소피   네. 그럴게요.

미하우   안녕하세요?
        저는 미하우라고 합니다. 폴란드에서 왔어요.

소피   만나서 반가워요.
        저는 프랑스에서 온 소피예요.
        휴대전화를 사려면 외국인등록증과 통장이 있어야 돼요.

미하우   저는 아직 외국인등록증도 없고 통장도 없어요.

소피   그러면 먼저 외국인등록증과 통장을 만들고 나서 저와
        같이 가서 사기로 해요.

미하우   고마워요.

어휘와 표현

Słownictwo
i wyrażenia

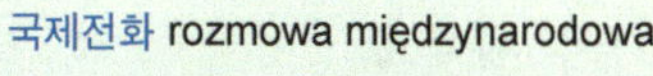

국제전화 rozmowa międzynarodowa

공중전화 automat telefoniczny,
       telefon publiczny

근처 pobliże, bliska okolica

대리점 oddział, filia, przedstawicielstwo

그러다 postępować tak (zgodnie z tym
       co powiedziano wcześniej),
       zrobić tak (jak powiedziano)

외국인등록증 karta pobytu (cudzoziemca)

통장 książeczka bankowa

1 덜 V/A 'mniej V/A (niż)'

Konstrukcja '덜 V/A' 'mniej V/A' wyraża niższy stopień nasilenia cechy komunikowanej przez czasownik V bądź przymiotnik A.

오늘은 어제보다 덜 추워요.

오렌지가 레몬보다 덜 시어요.

저는 숙제를 덜 했어요.

아직 식사 준비가 덜 됐어요.

사과가 덜 익어서 맛이 없어요.

2 V-아/어 있다

'V-아/어 있다' to konstrukcja komunikująca trwanie rezultatu czynności, zdarzenia bądź zapoczątkowanego stanu V. Używana jest wyłącznie z czasownikami nieprzechodnimi (niemającymi formy biernej), co po polsku odpowiada opozycji znaczeniowej typu 'wejść – być w środku (CZEGO)', 'rozkwitnąć – kwitnąć', 'stanąć – stać', 'obudzić się – nie spać', 'usiąść – siedzieć'.

뒷산에 개나리꽃이 피어 있어요.

아기들은 깨어 있는 시간보다 자는 시간이 더 많아요.

날이 추우니까 안에 들어가 있어요.

문 앞에 서 있는 사람이 진수 씨예요.

요안나 씨는 소파에 앉아 있어요.

3 V-기로 하다 'zdecydować (się) na zrobienie V', 'zdecydować (się), by zrobić V', 'postanowić zrobić V'

'V-기로 하다' 'zdecydować (się) na zrobienie V' to konstrukcja komunikująca decyzję lub obietnicę wykonania V.

우리는 지하철로 가기로 했습니다.

지금부터 운동을 열심히 하기로 했어요.

내년에 폴란드에 돌아가기로 했습니다.

월요일까지 일을 끝내기로 했습니다.

새해부터는 담배를 끊기로 했어요.

어휘와 표현
Słownictwo i wyrażenia

레몬 cytryna

익다 dojrzeć, dojrzewać (np. owoce)

뒷산 góra (znajdująca się za wioską, domem)

개나리꽃 kwiaty forsycji

(꽃이) 피다 rozkwitać (kwiaty)

(잠이) 깨다 obudzić się (ze snu)

새해 Nowy Rok

연습 I
Ćwiczenia I

1 〈보기〉와 같이 문장을 만드세요. Utwórz zdania według wzoru.

> **보기** 오늘이 어제보다 덜 추워요. (오늘, 어제, 춥다)

(1) _________________________________. (폴란드, 한국, 덥다)

(2) _________________________________. (평일, 휴일, 복잡하다)

(3) _________________________________. (시장, 백화점, 비싸다)

(4) _________________________________. (중간고사, 기말고사, 어렵다)

2 주어진 단어들을 이용해서 그림에 맞게 글을 완성하세요.
Opisz rysunek stosując czasowniki podane w ramce.

앉다   서다   눕다   남다

미하우 씨는 지금 식탁 앞에 <u>앉아</u> 있어요. 커피를 마시고 있어요. 점심을 다 못 먹어서 식탁 위에는 음식이 _______ 있어요. 표트르 씨는 오늘 좀 아파요. 그래서 침대에 _______ 있어요. 나영 씨는 지금 현관 앞에 _______ 있어요. 친구와 약속이 있어서 나갈 거예요.

3 〈보기〉와 같이 대화를 완성하세요. Dokończ dialogi według wzoru.

> **보기**
>
> A 방학에 뭐 할 거예요?
>
> B <u>여행을 가기로 했어요</u>. (여행, 가다)

(1) A 몇 시에 미하우 씨를 만날 거예요?

B _______________________________. (5시, 만나다)

(2) A 누가 여기에 남을 거예요?

B _______________________________. (미하우 씨, 남다)

(3) A 무슨 음식을 준비할 거예요?

B _______________________________. (스파게티, 만들다)

(4) A 언제 한국으로 떠날 거예요?

B _______________________________. (다음 달, 떠나다)

어휘와 표현
Słownictwo i wyrażenia

평일 dzień powszedni

중간고사 egzamin połówkowy

기말고사 egzamin końcowy

눕다 położyć się

식탁 stół jadalny (w stylu zachodnim)

현관 wejście, drzwi wejściowe

떠나다 wyjść, wyruszyć

김진수　여보세요.

미하우　진수 씨, 저 미하우예요.

김진수　아, 미하우 씨. 잘 도착했어요?

미하우　네. 영준 씨가 도와줘서 기숙사에 잘 들어왔어요.

김진수　그랬어요?
　　　　기숙사는 마음에 들어요?

미하우　그럼요. 방도 깨끗하고 시설도 좋아요.

김진수　룸메이트는 만났어요?

미하우　네. 경영학과 학생인데 참 좋은 사람인 것 같아요.
　　　　수강신청 하는 것도 도와줬어요.

김진수　그랬군요.

미하우　주말에는 같이 경복궁에 놀러 가기로 했어요.

김진수　그래요?
　　　　재미있겠네요. 구경 많이 하고 사진도 많이 찍으세요.

미하우　네, 고마워요.
　　　　진수 씨도 잘 지내고 친구들한테 안부 전해 주세요.

김진수　그럴게요. 그럼 우리 또 통화하기로 해요.

미하우　네, 다음에 또 전화할게요. 안녕히 계세요.

어휘와 표현
Słownictwo
i wyrażenia

룸메이트 współlokator, współlokatorka

안부 pozdrowienia

전하다 przekazać, przekazywać

안부(를) 전하다 przekazać pozdrowienia (ukłony od KOGO)

2011년 9월 1일

여기는 내 기숙사 방이다. 기숙사 방에서 처음 일기를 쓴다. 오늘은 좀 바쁜 날이었다. 이사도 하고 기숙사 구경도 하고 수강신청도 했다.

오늘 오전에 기숙사 방에 들어왔는데 룸메이트가 있었다. 룸메이트의 이름은 '최민우'이다. 민우 씨는 경영학과 학생인데 참 좋은 사람인 것 같다. 나에게 기숙사 안내를 해 주고 내가 수강신청 하는 것을 도와줬다. 우리는 주말에 같이 경복궁에 갈 것이다. 민우 씨와 좋은 친구가 되고 싶다.

아직 휴대전화가 없어서 불편하다. 빨리 외국인등록증과 통장을 만들어서 휴대전화를 사고 싶다. 프랑스인 친구가 도와주기로 해서 다행이다.

어휘와 표현
Słownictwo i wyrażenia

일기 pamiętnik, dziennik
이사 przeprowadzka
프랑스인 Francuz, Francuzka
다행 szczęście, pomyślność

1 V-ㄴ다/는다

Forma narratywna 'V-ㄴ다/는다' to końcówka finitywna zdania oznajmującego w czasie teraźniejszym, która łączy się z tematem czasownika. Końcówka ta jest używana w stylu pisanym (w narracji pisanej).

지금 민우 씨는 일을 한다.

이곳은 외국인들이 많이 온다.

소피 씨는 사무실에 간다.

미하우 씨는 기숙사에 산다.

요즘은 학교 식당에서 밥을 먹는다.

2 A-다

Forma narratywna 'A-다' to końcówka finitywna zdania oznajmującego w czasie teraźniejszym, która łączy się z tematem przymiotnika. Końcówka ta jest używana w stylu pisanym (w narracji pisanej).

경복궁이 아름답다.

누나가 예쁘다.

지금 진수 씨는 한가하다.

가을에는 사과가 맛있다.

파베우 씨는 요즘 아주 바쁘다.

3 N-이다 'być KIM, CZYM'

Forma narratywna 'N-이다' to finitywna forma orzeczenia imiennego zdania oznajmującego w czasie teraźniejszym. Forma ta składa się z rzeczownika N oraz spójki '이다' 'być KIM, CZYM' i jest używana w stylu pisanym (w narracji pisanej).

여기가 내 방이다.

이 책은 한국어 문법책이다.

저 사람이 파베우 씨이다.

무궁화가 한국의 국화이다.

◎ Rzeczownik N kończący się na samogłoskę często łączy się z '-다', a nie z pełną formą '-이다'.

저 사람이 파베우 씨다.

무궁화가 한국의 국화다.

민우는 내 친구다.

4 V/A-았다/었다

Forma narratywna 'V/A-았다/었다' to końcówka finitywna zdania oznajmującego w czasie przeszłym, która łączy się z tematem przymiotnika lub czasownika. Końcówka ta jest używana w stylu pisanym (w narracji pisanej).

그들은 손을 꽉 잡았다.

우리는 배가 고파서 밥을 맛있게 먹었다.

그의 통장에는 돈이 거의 없었다.

기숙사 방에서 처음 일기를 썼다.

5 N-이었다/였다 'N był KIM, CZYM'

Forma narratywna 'N-이었다/였다' to finitywna forma orzeczenia imiennego zdania oznajmującego w czasie przeszłym. Forma ta składa się z rzeczownika N oraz formy przeszłej spójki '이다' 'być KIM, CZYM' i jest używana w stylu pisanym (w narracji pisanej). Po rzeczowniku kończącym się na samogłoskę używana jest postać 'N-였다'.

민우 씨는 원래 아는 사람이었다.

그 사람은 우리 회사 직원이었다.

그 시장은 서울에서 가장 큰 시장이었다.

저기는 외국 학생들이 사는 기숙사였다.

이 회사는 예전에 아주 좋은 회사였다.

6 V-(으)ㄹ 것이다

Forma narratywna 'V-(으)ㄹ 것이다' to konstrukcja gramatyczna używana do wyrażania chęci lub woli zrobienia CZEGO w przyszłości. Konstrukcja 'V-(으)ㄹ 것이다' używana jest w stylu pisanym, 'V-(으)ㄹ 거예요' zaś używana jest w stylu mówionym.

나는 내년에 유학을 갈 것이다.

나영 씨는 오늘 점심에 샌드위치를 만들 것이다.

오늘 저녁에는 진수 씨에게 전화를 할 것이다.

◎ V/A-(으)ㄹ 것이다

Forma narratywna 'V/A-(으)ㄹ 것이다' to konstrukcja gramatyczna, która komunikuje przypuszczenie nadawcy odnoszące się do przyszłości. Konstrukcja 'V/A-(으)ㄹ 것이다' używana jest w stylu pisanym, 'V/A-(으)ㄹ 거예요' zaś używana jest w stylu mówionym.

시간이 많이 걸릴 것이다.

지하철이 버스보다 더 빠를 것이다.

파베우 씨는 상을 받을 것이다.

어휘와 표현
Słownictwo
i wyrażenia

한가하다 być wolnym, dysponującym wolnym czasem, nie być zajętym, mieć (wolny) czas

문법책 książka do gramatyki

무궁화 ketmia syryjska (*Hibiskus syriacus*)

국화 kwiat narodowy, kwiat-symbol kraju, narodu

그들 oni, one

꽉 ciasno, mocno

거의 prawie, niemal, ledwie

원래 od dawna, pierwotnie, z natury, początkowo

예전 dawne czasy

연습 II
Ćwiczenia II

1 〈보기〉와 같이 하세요. Uzupełnij zdania według wzoru.

> 보기 　　　　　　　　학교에 가요 → 학교에 <u>간다</u>

(1) 밥을 먹어요 → 밥을 _______________

(2) 책을 읽어요 → 책을 _______________

(3) 아이들이 놀아요 → 아이들이 _______________

(4) 예쁘게 웃어요 → 예쁘게 _______________

(5) 편지를 써요 → 편지를 _______________

(6) 이름을 몰라요 → 이름을 _______________

(7) 음악을 들어요 → 음악을 _______________

(8) 텔레비전을 봐요 → 텔레비전을 _______________

2 〈보기〉와 같이 하세요. Przekształć podane formy według wzoru.

> 보기 　　　　　　　　좋아요 → <u>좋다</u>

(1) 예뻐요 → _______________　　(2) 커요 → _______________

(3) 작아요 → _______________　　(4) 깊어요 → _______________

(5) 편리해요 → _______________　　(6) 맛있어요 → _______________

(7) 쉬워요 → _______________　　(8) 멀어요 → _______________

(9) 좁아요 → _______________　　(10) 낮아요 → _______________

3 〈보기〉와 같이 하세요. Uzupełnij według wzoru.

> 보기 　　　　　　　　학생이에요 → <u>학생이다</u>

(1) 친구예요 → _______________

(2) 봄이에요 → _______________

(3) 9월이에요 → _______________

(4) 한국 노래예요 → _______________

4 다음 글에서 밑줄 친 부분을 〈보기〉와 같이 바꾸어 보세요.
Przekształć podkreślone fragmenty zgodnie z wzorem.

> 보기　어제 백화점에서 쇼핑을 <u>했어요</u>. 사람들이 <u>많았어요</u>.
> (→했다).　　　　　(→많았다).

어제는 <u>토요일이었어요</u>. 아침에 소피 씨를 만나서 같이 도서관에 <u>갔어요</u>.
 (1) (→　　　　　).　　　　　　　　　　(2) (→　　　　).

소피 씨가 도서관을 어떻게 이용하는지 자세하게 <u>알려 줬어요</u>.
(3) (→　　　　　).

시험 준비에 필요한 책들을 <u>빌렸어요</u>.
(4) (→　　　　).

도서관에서 나와서 근처 커피숍에서 커피를 <u>마셨어요</u>.
(5) (→　　　　).

커피를 마시면서 한국 문화에 대해서 오랫동안 <u>이야기했어요</u>.
(6) (→　　　　).

유익한 이야기가 <u>많았어요</u>.
(7) (→　　　　).

우리는 다음 주에 또 만나서 인사동에 <u>갈 거예요</u>.
(8) (→　　　　).

구경도 하고 맛있는 점심도 <u>먹을 거예요</u>.
(9) (→　　　　).

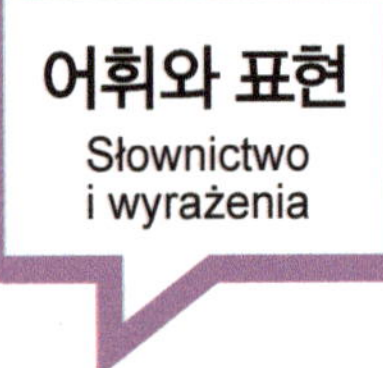

어휘와 표현
Słownictwo
i wyrażenia

깊다 być głębokim

이용하다 używać, stosować

알리다 informować, oznajmiać

오랫동안 przez długi czas

유익하다 być pomocnym, korzystnym, użytecznym

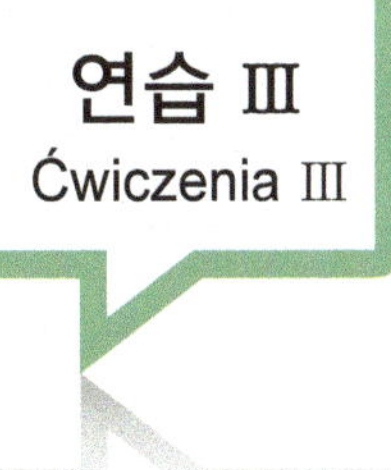

연습 Ⅲ
Ćwiczenia Ⅲ

track 24

1 잘 듣고 질문에 답하세요. Wysłuchaj zdań i odpowiedz na pytania.

(1) 언제가 더 추워요?
   ① 오늘 ② 어제

(2) 뭐가 더 어려워요?
   ① 수학 ② 과학

(3) 뭐가 더 짜요?
   ① 김치찌개 ② 된장찌개

2 잘 듣고 질문에 답하세요. Wysłuchaj dialogu i odpowiedz na pytania.

(1) 소피 씨는 왜 어제 잠을 못 잤습니까?
Dlaczego Sophie wczoraj nie mogła spać?

   ① 숙제가 많아서
   ② 친구를 만나서
   ③ 숙제가 어려워서

(2) 맞는 것을 고르세요.
Zaznacz zdania zgodne z treścią dialogu.

   ① 소피 씨는 숙제를 내일까지 내면 됩니다.
   ② 준석 씨가 소피 씨를 도와주기로 했습니다.
   ③ 소피 씨 대학원 친구가 숙제를 도와줬습니다.

3 친구에 대해서 질문하고 'V-ㄴ다/는다', 'A-다', 'N-이다' 등을 이용해서 글로 써 봅시다. Zadaj pytania i zapisz odpowiedzi, stosując formę narratywną typu 'V-ㄴ다/는다', 'A-다', 'N-이다', itp.

질문	대답
어디에서, 언제 태어났어요?	
가족은 몇 명이에요?	
무슨 운동을 잘해요?	
무슨 음식을 좋아해요?	
졸업하면 뭐 할 거예요?	

보기　요안나는 1993년에 크라쿠프에서 태어났다. 요안나의 가족은 아버지, 어머니, 요안나, 모두 세 명이다. (……)

4 아래의 미하우의 일기를 다시 읽고 최민우의 입장에서 일기를 써 보세요.
Przeczytaj fragment pamiętnika Michała i uzupełnij pamiętnik Minu, Choi (최민우).

2011년 9월 1일

　여기는 내 기숙사 방이다. 기숙사 방에서 처음 일기를 쓴다. 오늘은 좀 바쁜 날이었다. 이사도 하고 기숙사 구경도 하고 수강신청도 했다.
　오늘 오전에 기숙사 방에 들어왔는데 룸메이트가 있었다. 룸메이트의 이름은 '최민우'이다. 민우 씨는 경영학과 학생인데 참 좋은 사람인 것 같다. 나에게 기숙사 안내를 해 주고 내가 수강신청 하는 것을 도와줬다. 우리는 주말에 같이 경복궁에 갈 것이다. 민우 씨와 좋은 친구가 되고 싶다.
　아직 휴대전화가 없어서 불편하다. 빨리 외국인등록증과 통장을 만들어서 휴대전화를 사고 싶다. 프랑스인 친구가 도와주기로 해서 다행이다.

2011년 9월 1일

　오늘은 참 바쁜 날이었다. 어제 기숙사로 이사하고 나서 오늘 오전에 짐을 정리하고 있는데 룸메이트가 들어왔다. 룸메이트의 이름은 '미하우'이다.

____

____

____

____

____

좋은 룸메이트를 만나서 기숙사 생활이 재미있을 것 같다.

어휘와 표현
Słownictwo i wyrażenia

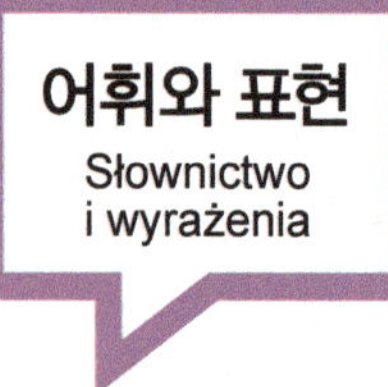

수학 matematyka

된장찌개 *doenjang-jjigae* (zupa z pasty sojowej *doenjang*)

대학원 studia II lub III stopnia

이사하다 przeprowadzać się

정리하다 porządkować, układać

축구할 때 입을 운동복도 있으면 좋겠는데

- 친구 소개 (przedstawianie kolegi, koleżanki)
- 마트 (hipermarket)
- 치킨 배달 (dostawa do domu)
- 교재 구입 (zakup podręczników)

본문 I

track 25

박준서 민우야, 시간 있어?

최민우 어, 준서야, 들어와.
미하우 씨, 이쪽은 우리 과 친구 준서예요.
준서야, 이쪽은 내 룸메이트 미하우 씨야.
미하우 씨는 폴란드에서 유학 왔어.

미하우 안녕하세요? 미하우입니다.

박준서 안녕하세요? 저는 박준서예요.

최민우 그런데 무슨 일이야?

박준서 지금 시간 있으면 축구할래?

최민우 그래. 좋아.
미하우 씨도 같이 할래요?

미하우 좋아요. 저도 축구 정말 좋아해요.

박준서 그런데 미하우 씨는 몇 살이에요?

미하우 스무 살이에요. 그런데 한국 나이로는 스물한 살이에요.

박준서 어, 그럼 우리 모두 동갑이네.

미하우 그래요?

박준서 그럼 모두 친구니까 말 틉시다.

미하우 좋아요. 아니, 좋아. 하하.

어휘와 표현
Słownictwo
i wyrażenia

그래 tak (potwierdzenie, forma poufała 반말)

살 rok, lata (wiek)

나이 wiek (długość życia)

동갑 równolatek, równolatka

말을 트다 przejść na ty

최민우 여기가 서울마트야.

미하우 와, 정말 크네.

최민우 그렇지? 필요한 게 뭐야?

미하우 베개 커버, 이불, 수건, 비누, 그리고 축구할 때 입을 운동복도 있으면 좋겠는데 여긴 없겠지?

최민우 아니야. 여기서 운동복도 팔아. 저쪽에 있어.

미하우 그럼 운동복부터 볼까?

최민우 그러자.

미하우 이건 어때?

최민우 괜찮네.

직원 손님한테 파란색이 잘 어울리네요.

미하우 그래요? 그럼 이건 어때요?

직원 빨간색도 손님한테 잘 어울려요.

미하우 그래요? 저는 파란색이 더 마음에 들어요.
이거 주세요.

어휘와 표현
Słownictwo
i wyrażenia

마트 hipermarket

베개 poduszka

커버 poszwa, poszewka

비누 mydło

운동복 strój do ćwiczeń

어울리다 pasować

1 N아/야

Końcówka rzeczownikowa '아/야' dodawana jest do rzeczowników osobowych i używana jest jako wykładnik wołacza. Końcówka ta używana jest w sytuacjach nieformalnych (tzw. poziom 반말 czyli „mówienie na ty") wobec adresatów równych nadawcy wiekiem lub w podobnym wieku, bądź o równej lub podobnej pozycji społecznej, z którymi nadawca pozostaje w zażyłych stosunkach, albo wobec osób znacznie młodszych (np. do dzieci).

민수야, 어디 가?

수철아, 오랜만이야. 잘 지냈어?

미하우야, 선생님이 부르셔.

2 V/A-아/어

Poufała finitywna końcówka 'V/A-아/어' łączy się z tematem czasowników lub przymiotników w formie oznajmującej i używana jest w sytuacjach nieformalnych (tzw. poziom 반말 czyli „mówienie na ty") wobec adresatów równych nadawcy wiekiem lub w podobnym wieku, bądź o równej lub podobnej pozycji społecznej, z którymi nadawca pozostaje w zażyłych stosunkach, albo wobec osób znacznie młodszych (np. do dzieci).

날씨가 좋아.	내일 포즈난에 가.
매일 비가 와.	운동장에서 축구를 해.
학교가 깨끗해.	주렉은 맛있어.
식당에서 밥을 먹어.	

◎ W zależności od intonacji końcówka '-아/어' może komunikować pytanie bądź zdanie twierdzące.

백화점에서 구두를 사.

백화점에서 구두를 사?

사과가 맛있어.

사과가 맛있어?

A 저 식당 괜찮아?

B 응, 괜찮아.

A 그 영화 재미있어?

B 아니, 재미없어.

◎ W czasie przeszłym używana jest poufała końcówka finitywna 'V/A-았어/었어'.

A 언제 한국에 왔어?

B 작년 3월에 왔어.

A 어제 왜 결석했어?

B 몸이 많이 아팠어.

3 N-(이)야 'być KIM, CZYM'

'N-(이)야' 'być KIM, CZYM' to finitywna poufała forma orzeczenia imiennego 'N-이다', która używana jest w sytuacjach nieformalnych (tzw. poziom 반말 czyli „mówienie na ty") wobec adresatów równych nadawcy wiekiem lub w podobnym wieku, bądź o równej lub podobnej pozycji społecznej, z którymi nadawca pozostaje w zażyłych stosunkach, albo wobec osób znacznie młodszych (np. do dzieci).

이건 내 책이야.

저기가 학생 식당이야.

저 여학생이 진수 여자 친구야.

A 여기는 누구 자리야?

B 파베우 자리야.

◎ W czasie przeszłym używana jest poufała finitywna forma orzeczenia imiennego 'N-이었어/였어'.

이 건물은 옛날에 학교였어.

지난주 금요일은 진수 씨 생일이었어.

4 V/A-(으)ㄹ 거야

Finitywna konstrukcja gramatyczna 'V/A-(으)ㄹ 거야' komunikuje chęć, wolę zrobienia CZEGO w przyszłości lub przypuszczenie nadawcy odnoszące się do przyszłości. Konstrukcja ta używana jest w sytuacjach nieformalnych (tzw. poziom 반말 czyli „mówienie na ty") wobec adresatów równych nadawcy wiekiem lub w podobnym wieku, bądź o równej lub podobnej pozycji społecznej, z którymi nadawca pozostaje w zażyłych stosunkach, albo wobec osób znacznie młodszych (np. do dzieci).

대학교를 졸업하면 취직할 거야.

시간이 나면 영화를 볼 거야.

크라쿠프에 가면 사진을 많이 찍을 거야.

민수 씨는 바빠서 못 올 거야.

내일은 날씨가 좋을 거야.

수진 씨는 아침을 안 먹어서 배가 많이 고플 거야.

◎ N-일 거야

Finitywna konstrukcja gramatyczna 'N-일 거야' komunikuje przypuszczenie nadawcy co do faktu bycia KIM, CZYM ('zapewne, chyba jest N'). Konstrukcja ta używana jest w sytuacjach nieformalnych (tzw. poziom 반말 czyli „mówienie na ty") wobec adresatów równych nadawcy wiekiem lub w podobnym wieku, bądź o równej lub podobnej pozycji społecznej, z którymi nadawca pozostaje w zażyłych stosunkach, albo wobec osób znacznie młodszych (np. do dzieci).

그 사람이 아마 미하우 씨 동생일 거야.

A 약속 시간이 몇 시야?　　　　A 이게 누구 우산인지 알아?

B 아마 다섯 시일 거야.　　　　B 수진 씨 우산일 거야.

5　V-(으)ㄹ래

Finitywna końcówka czasownikowa 'V-(으)ㄹ래요' przyjmuje formę 'V-(으)ㄹ래' w sytuacji nieformalnej, w której udział biorą zaprzyjaźnieni rozmówcy w podobnym wieku (o podobnym statusie) lub w stosunku do osób znacznie młodszych (np. do dzieci).

A 넌 뭘 먹을래?　　　　A 언제 갈래?

B 난 스파게티 먹을래.　　　　B 30분 후에 갈래.

◎ Gdy rozmówcy mają podobny status społeczny, są w tym samym lub podobnym wieku lub, gdy rozmówca zwraca się do osoby znacznie młodszej, końcówki finitywne takie jak 'V/A-지요?', 'V/A-(으)ㄹ까요?', 'V/A-네요', itp. przyjmują postać bez '요' czyli 'V/A-지?', 'V/A-(으)ㄹ까?', 'V/A-네', itp.

오늘이 수요일이지?

같이 커피 마실까?

비가 많이 오네. 우산 가지고 왔어?

6 V/A-(으)ㄹ 때 'w czasie, gdy V/A', 'kiedy V/A', 'gdy V/A'

Konstrukcja V/A-(으)ㄹ 때 'w czasie, gdy V/A', 'kiedy V/A', 'gdy V/A' składa się z odczasownikowej bądź odprzymiotnikowej przydawki czasu przyszłego oraz defektywnego rzeczownika '때' 'czas' i komunikuje nakładanie się dwóch zdarzeń (czynności, stanów) lub warunkowaną uprzedniość pierwszego zdarzenia względem drugiego.

저는 친구 집에 갈 때 먼저 전화를 해요.

미나 씨는 웃을 때 더 예뻐 보여요.

진수 씨는 기분이 좋을 때 노래를 불러요.

저는 물건이 쌀 때 많이 사게 돼요.

7 'ㅎ' 불규칙 nieregularne 'ㅎ'

Większość przymiotników, których temat kończy się na tzw. nieregularne 'ㅎ' traci wygłosowe 'ㅎ' w połączeniu z morfemami lub końcówkami, które zaczynają się od samogłoski. Gdy dodawana końcówka zaczyna się na samogłoskę '으' to również ta samogłoska zanika. Natomiast gdy morfem lub końcówka zaczyna się na '아/어', a ostatnią samogłoską tematu jest '아' lub '야' to samogłoska tematu łączy się z samogłoską morfemu lub końcówki tworząc odpowiednio '애' lub '얘'.

	-ㅂ니다/습니다	-고	-아요/어요	-(으)니까	-(으)ㄴ
하얗다	하얗습니다	하얗고	하얘요	하야니까	하얀
노랗다	노랗습니다	노랗고	노래요	노라니까	노란
빨갛다	빨갛습니다	빨갛고	빨개요	빨가니까	빨간
파랗다	파랗습니다	파랗고	파래요	파라니까	파란
까맣다	까맣습니다	까맣고	까매요	까마니까	까만

가을 하늘이 높고 파래요.

빨간 꽃이 정말 예뻐요.

하얀 눈이 온 세상을 뒤덮었다.

백합이 정말 하얘요.

8 N1이/가 N2에게 어울리다 'N1 jest dobrze dobrane do N2', 'N1 dobrze wygląda (w połączeniu) z N2' (' N1 pasuje do N2')

Konstrukcja 'N1이/가 N2에게 어울리다' 'N1 pasuje do N2' komunikuje sytuację, w której N1 oraz N2 tworzą harmonijną całość, N2 pasuje do N1. W przypadku, gdy N2 oznacza rzeczownik osobowy stosuje się rzeczownikową końcówkę (wykładnik celownika) '-에게', natomiast w przypadku rzeczownika nieosobowego N2 – końcówkę '-에'.

그 옷은 파베우 씨에게 잘 어울려요.

큰 방울은 작은 고양이한테 안 어울려요.

검은색 바지는 흰색 구두에 안 어울립니다.

어휘와 표현
Słownictwo i wyrażenia

부르다 wołać, wzywać

여학생 studentka, uczennica

지난주 zeszły tydzień

하얗다 być białym

노랗다 być żółtym

빨갛다 być czerwonym

파랗다 być niebieskim

까맣다 być czarnym

온 cały

세상 świat

온 세상 cały świat

뒤덮다 pokryć, okryć

방울 dzwonek, dzwoneczek

검은색 czerń, czarny kolor

흰색 biel, biały kolor

연습 I
Ćwiczenia I

1 〈보기〉와 같이 하세요. Przekształć zdania według wzoru.

> **보기** 한국어를 배워요. → 한국어를 <u>배워</u>.

(1) 우리 회사에서는 자동차를 만들어요.
   → 우리 회사에서는 자동차를 ___________.
(2) 무슨 책을 샀어요? → 무슨 책을 __________?
(3) 비가 왔어요. → 비가 __________.
(4) 지금 뭐 해요? → 지금 뭐 _________?
(5) 요즘 좀 힘들어요. → 요즘 좀 __________.
(6) 저는 내일 수업이 없어요. → _____________________________.

2 〈보기〉와 같이 하세요. Przekształć zdania według wzoru.

> **보기** 교실은 203호예요. → 교실은 <u>203호야</u>.

(1) 여기가 도서관이에요. → 여기가 ___________.
(2) 저 사람이 미하우 씨예요. → 저 사람이 ___________.
(3) 모두 다섯 명이에요. → 모두 ___________.
(4) 수진 씨 생일이 며칠이에요? → 수진 씨 생일이 ___________?
(5) 마렉 씨는 폴란드에서 의사였어요.
   → 마렉 씨는 폴란드에서 _______________.
(6) 이건 제 글씨가 아니에요. → _____________________________.

3 〈보기〉와 같이 하세요. Przekształć zdania według wzoru.

> **보기** 책을 읽을 거예요. → 책을 <u>읽을 거야</u>.

(1) 매일 운동을 할 거예요. → 매일 운동을 _____________.
(2) 집에서 쉴 거예요. → 집에서 _____________.
(3) 편지를 부칠 거예요. → 편지를 _____________.
(4) 경영학을 전공할 거예요. → 경영학을 _____________.
(5) 이 모자를 쓰면 잘 어울릴 거예요. → 이 모자를 쓰면 _____________.
(6) 저 가게에 예쁜 옷이 많을 거예요. → 저 가게에 예쁜 옷이 _________.

4 〈보기〉와 같이 대화를 완성하세요. Dokończ dialogi według wzoru.

> 보기 A 언제 부모님께 전화를 해요?
>
> B <u>부모님이 보고 싶을 때 전화를 해요</u>. (부모님이 보고 싶다)

(1) A 언제 커피를 마셔요?

B _________________________________. (졸리다)

(2) A 언제 음악을 들어요?

B _________________________________. (우울하다)

(3) A 언제 양복을 입어요?

B _________________________________. (특별한 일이 있다)

(4) A 언제 택시를 타요?

B _________________________________. (시간이 없다)

5 알맞은 단어를 골라 〈보기〉와 같이 문장을 완성하세요.
Dokończ zdania stosując przymiotniki z ramki w odpowiedniej formie.

> 하얗다   빨갛다   까맣다   파랗다   노랗다

> 보기   결혼식 때 신부는 <u>하얀</u> 드레스를 입어요.

(1) 한국 사람들은 머리랑 눈이 _________________요.

(2) 너무 창피해서 얼굴이 _______________졌어요.

(3) 저는 기분이 우울할 때 ______________ 하늘을 봐요.

(4) 잘 익은 바나나는 색깔이 ____________요.

어휘와 표현
Słownictwo
i wyrażenia

글씨 pismo, litery

경영학 zarządzanie (kierunek studiów)

졸리다 czuć senność (być śpiącym)

양복 garnitur

신부 panna młoda

창피하다 być zawstydzonym, skrępowanym,
zażenowanym (wstydzić się, krępować się)

본문 II

track 26

최민우	저녁을 너무 조금 먹은 것 같아. 벌써 배가 고파.
미하우	우유 줄까?
최민우	아니. 고기를 먹고 싶어.
미하우	같이 식당에 갈까?
최민우	아니야. 우리 치킨 시켜서 먹자.
미하우	치킨도 배달해 줘?
최민우	그럼. 치킨, 피자, 중국 음식 다 배달해 줘.
미하우	그렇구나. 그럼 시켜서 같이 먹자.
최민우	좋아. 내가 시킬게. 여보세요? 여기 기숙사 910동 501호인데요. 프라이드치킨 한 마리 갖다 주세요.

*　　　*　　　*

배달원	배달 왔습니다.
최민우	고맙습니다. 돈 여기 있습니다.
미하우	무하고 콜라도 있네.
최민우	그것들은 그냥 주는 거야. 입에 맞으면 다음에 축구하는 날 또 시켜서 먹자.

어휘와 표현

Słownictwo
i wyrażenia

아니 nie (odmowa, przeczenie, forma poufała 반말)

치킨 kurczak

배달 dostawa do domu

마리 sztuka (klasyfikator do liczenia zwierząt)

배달원 dostawca, dostarczyciel

갖다 주다 przynieść, zanieść

무 rzepa

박준서　어, 미하우, 안녕?
미하우　준서구나. 잘 지냈어?
박준서　응. 개강 준비는 다 했니?
미하우　응. 거의 다 했어.
박준서　교재도 다 샀어?
미하우　교양 과목 교재 한 권을 아직 못 샀어. 개강하는 날 가져
　　　　가야 하는데…….
박준서　학교 서점에 없어?
미하우　응. 다음 주까지 기다려야 돼.
　　　　모레가 개강인데 걱정이야.
박준서　그럼 인터넷으로 주문해 봐.
미하우　인터넷으로 주문하면 오래 걸리지 않아?
박준서　아니야. 오늘 주문하면 내일 받을 수 있어.
미하우　그래?
박준서　내가 책 구매 사이트 주소를 알려 줄게.
미하우　고마워.

어휘와 표현

Słownictwo
i wyrażenia

안녕 cześć (powitanie lub pożegnanie, forma poufała 반말)

개강 rozpoczęcie roku akademickiego (szkolnego)

응 tak (potwierdzenie, forma poufała 반말)

교양 과목 humanistyczny przedmiot ogólnouniwersytecki

개강하다 zaczynać zajęcia (rok akademicki, szkolny)

모레 pojutrze

구매 kupno, zakup

사이트 strona internetowa

문법 II
Gramatyka II

1 V-자

Finitywna końcówka czasownikowa 'V-자' to forma o funkcji zachęty (hortatywna), która komunikuje zachętę, nakłanianie do wspólnego wykonania danej czynności. Końcówka ta używana jest w sytuacjach nieformalnych (tzw. poziom 반말 czyli „mówienie na ty") wobec adresatów równych nadawcy wiekiem lub w podobnym wieku, bądź o równej lub podobnej pozycji społecznej, z którymi nadawca pozostaje w zażyłych stosunkach, albo wobec osób znacznie młodszych (np. do dzieci).

이제 우리 친하게 지내자.

우리 같이 가자.

쓰레기를 모두 줍자.

지금부터 조용히 하자.

2 V-는구나, A-구나, N-(이)구나

Końcówki finitywne 'V-는구나', 'A-구나', 'N-(이)구나' mają charakter wykrzyknikowy i wyrażają zdziwienie czy też zaskoczenie nadawcy z powodu sytuacji, o której się właśnie dowiedział lub którą na nowo potwierdził. Często towarzyszy im wyrażenie podziwu. Używane są w sytuacjach nieformalnych (tzw. poziom 반말 czyli „mówienie na ty") wobec adresatów równych nadawcy wiekiem lub w podobnym wieku, bądź o równej lub podobnej pozycji społecznej, z którymi nadawca pozostaje w zażyłych stosunkach, albo wobec osób znacznie młodszych (np. do dzieci).

비가 많이 오는구나.

파베우가 운동을 참 좋아하는구나.

하늘이 참 맑구나.

학교가 참 아름답구나.

이제 드디어 방학이구나.

3 V/A-니?

'V/A-니' to pytajna końcówka finitywna czasu teraźniejszego. Używana jest w sytuacjach nieformalnych wobec adresatów równych wiekiem, z którymi nadawca pozostaje w bliskich kontaktach, bądź w stosunku do osób znacznie młodszych (np. do dzieci).

지금 가니?

영화는 언제 시작하니?

진수야, 뭐 하니?

오늘은 남자 친구 안 만나니?

4 V-는 날, A-(으)ㄴ 날 'dzień, w którym V/A', 'dzień, gdy V/A', 'dzień, który V/A'

Konstrukcja 'V-는 날, A-(으)ㄴ 날' składa się z przydawki odprzymiotnikowej lub odczasownikowej oraz rzeczownika 날 'dzień' i oznacza 'dzień, w którym V/A', 'dzień, gdy V/A', 'dzień, który V/A'.

오늘은 오랜만에 쉬는 날이다.

화요일은 수업이 없는 날이다.

강의가 있는 날에는 일찍 학교에 간다.

날씨가 좋은 날에는 친구들과 농구를 한다.

어휘와 표현
Słownictwo
i wyrażenia

친하다 być bliskim, zaprzyjaźnionym

쓰레기 śmieci

줍다 podnosić, zbierać (z ziemi, podłogi), znaleźć (na ziemi, podłodze)

드디어 w końcu, nareszcie

농구 koszykówka

연습 II
Ćwiczenia II

1 〈보기〉와 같이 하세요. Przekształć zdania według wzoru.

> **보기** 같이 갑시다. → 같이 <u>가자</u>.

(1) 책을 읽읍시다. → 책을 __________.

(2) 한국 음식을 만듭시다. → 한국 음식을 __________.

(3) 내일 두 시에 만납시다. → 내일 두 시에 __________.

(4) 조용한 음악을 들읍시다. → 조용한 음악을 __________.

2 〈보기〉와 같이 문장을 만드세요. Utwórz zdania według wzoru.

> **보기** <u>비가 오는구나</u>. (비, 오다)

(1) __________________________. (김밥, 좋아하다)

(2) __________________________. (책, 빨리 읽다)

(3) __________________________. (날씨, 덥다)

(4) __________________________. (요즘 힘들다)

3 〈보기〉와 같이 하세요. Przekształć zdania według wzoru.

> **보기** 언제 학교에 가요? → 언제 학교에 <u>가니</u>?

(1) 머리가 아파요? → 머리가 __________?

(2) 어디에서 왔어요? → 어디에서 ____________?

(3) 집이 학교에서 멀어요? → 집이 학교에서 __________?

(4) 무슨 음악을 들어요? → 무슨 음악을 ____________?

(5) 내일 몇 시에 올 거예요? → 내일 몇 시에 __________?

(6) 이름이 뭐예요? → 이름이 __________?

4 달력을 보고 〈보기〉와 같이 문장을 완성하세요.
Zgodnie z przedstawionym kalendarzem, uzupełnij zdania według wzoru.

6 JUNE	일	월	화	수	목	금	토
		1	2	3	4	5 준서 씨	6
	7	8 관악산	9	10 영화	11	12	13
	14	15	16 시험	17	18	19 이사	20
	21	22	23	24	25	26	27

> **보기**   <u>이사하는 날</u>은 6월 19일이에요.

(1) _________________________은 6월 5일이에요.

(2) _________________________은 6월 8일이에요.

(3) _________________________은 6월 10일이에요.

(4) _________________________은 6월 16일이에요.

5 〈보기〉와 같이 문장을 완성하세요. Dokończ zdania według wzoru.

> **보기**   <u>날씨가 추운 날</u>에는 따뜻한 차를 마셔요. (날씨가 춥다)

(1) _________________________에는 등산을 해요. (수업이 없다)

(2) _________________________에는 영화를 보러 가요. (우울하다)

(3) _________________________에는 낮잠을 많이 자요. (몸이 피곤하다)

(4) _________________________에는 부모님께 전화를 해요. (외롭다)

어휘와 표현
Słownictwo
i wyrażenia

낮잠 drzemka

외롭다 być samotnym

연습 Ⅲ
Ćwiczenia Ⅲ

track 27

1 잘 듣고 질문에 답하세요. Wysłuchaj dialogu i odpowiedz na pytania.

(1) 맞는 것을 모두 고르세요.
Zaznacz zdania o treści zgodnej z sytuacją opisywaną w dialogu.

① 미하우는 기숙사로 이사하기로 했다.
② 미하우는 친구하고 같이 살기로 했다.
③ 미하우가 이사할 집은 학교 근처에 있다.
④ 미하우가 이사하는 날 친구들이 도와줄 것이다.

(2) 미하우 씨가 언제 이사하는지 달력에 표시해 보세요.
Zaznacz, kiedy Michał będzie się przeprowadzać.

10 October	일	월	화	수	목	금	토
	12	13	14 오늘	15	16	17	18
	19	20	21	22	23	24	25

2 잘 듣고 질문에 답하세요. Wysłuchaj dialogów i odpowiedz na pytania.

(1) 맞는 것을 고르세요. Zaznacz zdania zgodne z treścią dialogów.

① 오늘은 준서가 이사하는 날이다.
② 준서는 오늘 시험 때문에 바빴다.
③ 미하우가 전화해서 음식을 주문할 것이다.

(2) 주문할 음식의 수를 쓰세요. Zapisz liczbę zamówionych dań.

짜장면 _______   짬뽕 _______   탕수육 _______   만두 _______

3 다음을 친구에게 반말로 바꿔서 물어보고 친구의 대답을 쓰세요.
Poniższe pytania zadaj koledze (stosując poufałą formę 반말) i zapisz odpowiedzi.

질문	반말	대답
(1) 이름이 뭐예요?		
(2) 어디에서 살아요?		
(3) 생일이 언제예요?		
(4) 오늘 뭐 해요?		
(5) 어제 뭐 했어요?		
(6) 최근에 본 영화가 뭐예요?		
(7) _______________?		

어휘와 표현
Słownictwo
i wyrażenia

이렇게 tak, w takim stopniu

이사(를) 가다 przeprowadzać się

지하철역 stacja metra

하지만 ale

불러오다 zawołać, wezwać

중국집 chińska restauracja

짬뽕 *jjamppong* (ostra zupa z owocami morza,
popularne danie w chińskich restauracjach w Korei)

탕수육 *tangsuyuk* (mięso w sosie słodko-kwaśnym)

최근 ostatnio

10과

여러 가지 유물이 많이 있다고 들었어

- 경복궁 (*Gyeongbokgung* – pałac królewski)
- 교통카드 (karta miejska)
- 지하철 노선 (linie metra)

본문 I

track 28

박준서　미하우, 내일 경복궁에 간다고 했지?

미하우　어떻게 알았어?

박준서　민우한테서 들었어. 경복궁에만 갈 거야?

미하우　내일은 경복궁만 가려고 하는데. 왜?

박준서　시간이 나면 그 옆에 있는 민속박물관도 가 봐.
　　　　여러 가지 유물이 많이 있다고 들었어.

미하우　너도 같이 갈래?

박준서　나도 가고 싶은데 내일은 바빠서 안 될 것 같아. 다음에 같이
　　　　가자. 참, 민우는 언제 오니? 할 말이 있는데.

미하우　우체국에 갔는데 언제 올지 모르겠어.

박준서　민우 오면 내가 점심 먹고 들르겠다고 전해 줄래?

미하우　응, 그럴게.

최민우　준비 다 됐니?

미하우　응. 근데 경복궁에는 어떻게 가?

최민우　마을버스를 타고 낙성대역에 가서 지하철을 타면 돼.

미하우　여기서 꽤 멀다고 들었어.
　　　　얼마나 걸려?

최민우　한 시간쯤 걸려. 그런데 너 교통카드는 있니?

미하우　그게 뭐야?

최민우　버스도 타고 지하철도 탈 수 있는 카드야.

미하우　그런 건 없는데.

최민우　그럼 매점에 가서 그것부터 사자.

미하우　알았어. 근데 날씨가 좀 쌀쌀해서 걱정이야.
　　　　일기예보에서 오늘 오후에 날씨가 갑자기 추워질 거라고 했어.

최민우　그래? 그럼 두꺼운 옷으로 갈아입고 가자.

어휘와 표현
Słownictwo i wyrażenia

민속박물관 muzeum etnograficzne

유물 zabytki, antyki, obiekty zabytkowe

들르다 wstąpić, odwiedzić

근데 ale

마을버스 autobus lokalny

꽤 całkiem, sporo

교통카드 karta miejska

쌀쌀하다 być chłodnym

일기예보 prognoza pogody

두껍다 być grubym

갈아입다 przebrać się

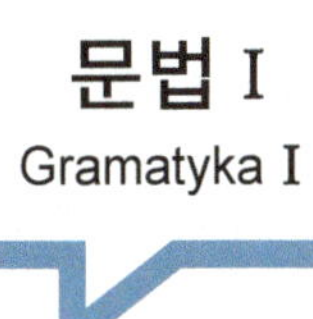

1 V/A-다고 하다 'powiedzieć/mówić, że V/A'

Konstrukcja 'V/A-다고 하다' jest formą przytoczenia, która używana jest do przywoływania cudzych wypowiedzi w czasie teraźniejszym. Czasowniki wypowiedzi cytowanej przyjmują formę 'V-ㄴ/는다고', przymiotniki zaś - 'A-다고'. Rzeczownik osobowy nazywający autora wypowiedzi przytaczanej (podmiot mówiący) może się łączyć z końcówką rzeczownikową (wykładnikiem mianownika) '이/가' lub końcówką (wykładnikiem tematu zdania) '은/는'. W orzeczeniu głównym zamiast czasownika '하다' 'robić', który w tym wypadku znaczy 'mówić, powiedzieć, wypowiedzieć, stwierdzić, itp.', może wystąpić '듣다' 'słuchać, słyszeć'.

파베우 씨 "집이 커요." → 파베우 씨가 집이 크다고 했어요.

진수 씨 "폴란드 사람은 친절해요."
→ 진수 씨가 폴란드 사람은 친절하다고 했어요.

요안나 씨 "숙제를 내일까지 해야 합니다."
→ 요안나 씨는 숙제를 내일까지 해야 한다고 했습니다.

소피 "나는 매운 음식도 잘 먹어." → 소피는 매운 음식도 잘 먹는다고 했어.

2 V/A-았다고/었다고 하다 'powiedzieć/mówić, że ... '

Konstrukcja 'V/A-았다고/었다고 하다' jest formą przytoczeniową, która używana jest do przywoływania cudzych wypowiedzi, które zostały wypowiedziane w formie czasu przeszłego. Rzeczownik osobowy nazywający autora wypowiedzi przytaczanej (podmiot mówiący) może się łączyć z końcówką rzeczownikową (wykładnikiem mianownika) '이/가' lub końcówką (wykładnikiem tematu zdania) '은/는'. W orzeczeniu głównym zamiast czasownika '하다' 'robić', który w tym wypadku znaczy 'mówić, powiedzieć, wypowiedzieć, stwierdzić, itp.', może wystąpić '듣다' 'słuchać, słyszeć'.

미라 씨 "한 명밖에 안 왔어요." → 미라 씨가 한 명밖에 안 왔다고 했습니다.

유스트나 씨 "수업이 일찍 끝났어요."
　　　　　　　→ 유스트나 씨는 수업이 일찍 끝났다고 했어요.

미하우 씨 "주말에 영화를 봤어요."
　　　　　　→ 미하우 씨는 주말에 영화를 봤다고 했습니다.

민우 "이번 여행이 즐거웠어." → 민우가 이번 여행이 즐거웠다고 했어요.

3　V/A-(으)ㄹ 거라고 하다 'powiedzieć/mówić, że … '

Konstrukcja 'V/A-(으)ㄹ 거라고 하다' jest formą przytoczeniową, która używana jest do przywoływania cudzych wypowiedzi, które komunikują chęć, wolę zrobienia CZEGO w przyszłości lub przypuszczenie odnoszące się do przyszłości. Rzeczownik osobowy nazywający autora wypowiedzi przytaczanej (podmiot mówiący) może się łączyć z końcówką rzeczownikową (wykładnikiem mianownika) '이/가' lub końcówką (wykładnikiem tematu zdania) '은/는'.
W orzeczeniu głównym zamiast czasownika '하다' 'robić', który w tym wypadku znaczy 'mówić, powiedzieć, wypowiedzieć, stwierdzić, itp.', może wystąpić '듣다' 'słuchać, słyszeć'.

* 예정 zdania wyrażające chęć, wolę zrobienia CZEGO w przyszłości

파베우 씨 "저는 내일 집에 있을 겁니다."
　　　　　　→ 파베우 씨는 내일 집에 있을 거라고 했어요.

나영 씨 "방학에는 집으로 돌아갈 거예요."
　　　　　　→ 나영 씨가 방학에는 집으로 돌아갈 거라고 했어요.

진수 씨 "주말에 영화를 보러 갈 겁니다."
　　　　　　→ 진수 씨가 주말에 영화를 보러 갈 거라고 했습니다.

* 추측 zdania wyrażające przypuszczenie odnoszące się do przyszłości

수미 씨 "이번 주말에도 비가 올 거예요."
　　　　　　→ 수미 씨가 이번 주말에도 비가 올 거라고 했어요.

민우 씨 "파베우 씨는 지금 수업을 듣고 있을 거예요."
　　　　　　→ 민우 씨가 파베우 씨는 지금 수업을 듣고 있을 거라고 했습니다.

4 V/A-겠다고 하다 'powiedzieć/mówić, że ... '

Konstrukcja 'V/A-겠다고 하다' jest formą przytoczeniową, która używana jest do przywoływania cudzych wypowiedzi, które komunikują zamiar, postanowienie lub przypuszczenie nadawcy. Rzeczownik osobowy nazywający autora wypowiedzi przytaczanej (podmiot mówiący) może się łączyć z końcówką rzeczownikową (wykładnikiem mianownika) '이/가' lub końcówką (wykładnikiem tematu zdania) '은/는'. W orzeczeniu głównym zamiast czasownika '하다' 'robić', który w tym wypadku znaczy 'mówić, powiedzieć, wypowiedzieć, stwierdzić, itp.', może wystąpić '듣다' 'słuchać, słyszeć'.

* 의지 zdania wyrażające zamiar, postanowienie zrobienia CZEGO
  w przyszłości

준서 씨 "제가 하겠어요." → 준서 씨가 하겠다고 했습니다.

소피 씨 "저는 집에서 쉬겠어요." → 소피 씨는 집에서 쉬겠다고 했어요.

* 추측 zdania wyrażające przypuszczenie odnoszące się do przyszłości

파베우 씨 내일 가면 좋겠어요. → 파베우 씨는 내일 가면 좋겠다고 했어요.

일기예보 내일은 춥겠습니다. → 일기예보에서 내일은 춥겠다고 했습니다.

5 N한테서 Z-다고 듣다 'słyszę/słyszałem/słyszałam Z od N'

Konstrukcja 'N한테서 Z-다고 듣다' jest formą przytoczeniową, która używana jest do przywoływania zasłyszanych wypowiedzi Z. Rzeczownik nazywający autora cytowanej wypowiedzi N łączy się z końcówką '한테서' 'od KOGO'.

소피 → 나 민속박물관에는 유물이 많아.

나 → 민우 소피한테서 민속박물관에는 유물이 많다고 들었어.

민우 → 나 파베우 씨가 다음 주에 떠나요.

나 → 소피 민우한테서 파베우 씨가 다음 주에 떠난다고 들었어.

6 V/A-아서/어서 걱정이다 'martwić się z powodu V/A'

Oznajmującej konstrukcji 'V/A-아서/어서 걱정이다' używa się w sytuacji, gdy komunikowanym powodem zmartwienia nadawcy jest czynność V lub stan A. W zdaniach pytajnych komunikowany jest powód zmartwienia adresata.

할 일이 너무 많아서 걱정이다.

파베우 씨가 아파서 걱정입니다.

오늘 날씨가 추워서 걱정이야.

미하우 씨가 전화를 안 받아서 걱정이에요.

시험을 못 봐서 걱정이야.

연습 I
Ćwiczenia I

1 〈보기〉와 같이 하세요. Przekształć zdania według wzoru.

> **보기** 민수 씨: "월요일에는 학교에 안 가요."
> → 민수 씨가 월요일에는 학교에 안 간다고 했어요.

(1) 미하우 씨: "바빠서 아침을 못 먹어요."

→ ___________________________________.

(2) 준서 씨: "아침에 공원에서 산책을 해요."

→ ___________________________________.

(3) 영준 씨: "미하우 씨 전화번호를 몰라요."

→ ___________________________________.

(4) 요안나 씨: "기숙사에서 학교까지 걸어서 30분 걸려요."

→ ___________________________________.

(5) 나영 씨: "만두를 잘 만들어요."

→ ___________________________________.

(6) 미라 씨: "운전하면서 라디오를 들어요."

→ ___________________________________.

2 〈보기〉와 같이 하세요. Przekształć zdania według wzoru.

> **보기** 파베우 씨: "점심을 안 먹어서 배가 고파요."
> → 파베우 씨가 점심을 안 먹어서 배가 고프다고 했어요.

(1) 진수 씨: "기숙사는 학교에서 너무 멀어요."

→ ___________________________________.

(2) 민우 씨: "인삼차가 감기에 좋아요."

→ ___________________________________.

(3) 유스트나 씨: "미하우 씨가 보고 싶어요."

→ ___________________________________.

(4) 요안나 씨: "책을 살 돈이 필요해요."

→ ___________________________________.

(5) 에밀리아 씨: "일이 많아서 힘들어요."

→ ___________________________________.

(6) 표트르 씨: "날씨가 쌀쌀해요."

→ ___________________________________.

3 〈보기〉와 같이 하세요. Przekształć zdania według wzoru.

> 보기　**미하우 씨:** "어제는 오늘보다 더 추웠어요."
> → 미하우 씨가 어제는 오늘보다 더 추웠다고 했어요.

(1) 수미 씨: "어제 노래방에서 노래를 불렀어요."

→ ____________________________________.

(2) 나영 씨: "표트르 씨가 감기에 걸렸어요."

→ ____________________________________.

(3) 에밀리아 씨: "서울로 가는 비행기 표를 예매했어요."

→ ____________________________________.

(4) 올가 씨: "어제 배운 문법이 아주 어려웠어요."

→ ____________________________________.

(5) 민수 씨: "발표 준비 때문에 바빴어요."

→ ____________________________________.

(6) 지나 씨: "모임에 세 명밖에 안 왔어요."

→ ____________________________________.

4 〈보기〉와 같이 하세요. Przekształć zdania według wzoru.

> 보기　**미하우 씨:** "서울에 가면 연락하겠습니다."
> → 미하우 씨가 서울에 가면 연락하겠다고 했어요.
>
> **수미 씨:** "방학 때 폴란드어를 배울 거예요."
> → 수미 씨가 방학 때 폴란드어를 배울 거라고 했어요.

(1) 성원 씨: "다음부터는 지각하지 않겠습니다."

→ ____________________________________.

(2) 진수 씨: "매일 책을 읽겠어요."

→ ____________________________________.

(3) 나영 씨: "모르는 것이 있으면 질문하겠습니다."

→ ____________________________________.

(4) 영석 씨: "오늘 저녁부터 비가 올 거예요."

→ ______________________________.

(5) 표트르 씨: "학생들을 열심히 가르치겠어요."

→ ______________________________.

(6) 수미 씨: "내일은 날씨가 추울 거예요."

→ ______________________________.

(7) 민수 씨: "담배를 끊겠어요."

→ ______________________________.

(8) 수영 씨: "미하우 씨 생일에 케이크를 만들어 갈 거예요."

→ ______________________________.

어휘와 표현

Słownictwo
i wyrażenia

인삼차 herbata żeńszeniowa (insamowa)

발표 referat, prezentacja, wystąpienie

연락하다 kontaktować (się)

질문하다 zadać pytanie, zapytać

본문 II

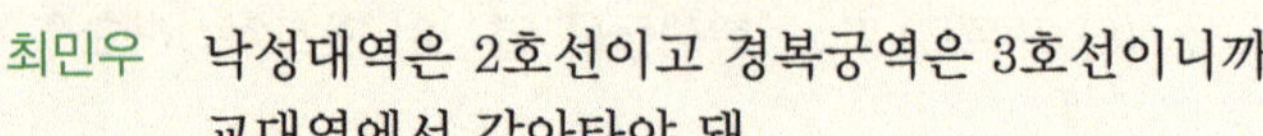

미하우   경복궁역에는 어떻게 가야 돼?

최민우   낙성대역은 2호선이고 경복궁역은 3호선이니까
교대역에서 갈아타야 돼.

미하우   복잡하구나.

최민우   응. 서울에는 지하철이 9호선까지 있어.
지하철을 타면 서울의 모든 곳에 갈 수 있어. 그 대신
타기 전에 지도를 꼭 보고 갈아타는 곳을 확인해야 돼.

미하우   난 인사동에 가 보고 싶은데 거기도 지하철이 가니?
거기가 정말 재미있는 곳이라고 들었어.

최민우   물론이지.
인사동도 지하철로 갈 수 있어.
경복궁역 바로 전 역이 안국역인데 거기서 내리면 돼.

미하우   그럼 이따가 시간 되면 거기도 가 보자.

최민우   여기가 경복궁이야.

미하우   요즘 건물하고 완전히 다르네.

최민우   이게 한국의 전통적인 건물 모양이야.
지금 서울에 있는 건물들은 대부분 서양식이야.

미하우   그러면 이런 건물은 여기밖에 없어?

최민우   아니. 저 옆쪽으로 가면 한옥들이 많이 남아 있어.

미하우   '한옥'이 뭐야?

최민우   '한옥'은 한국의 전통적인 집이야.

미하우   저기 연못에 있는 건물은 뭐야?

최민우   저건 경회루야. 왕이 저기에서 잔치를 벌였다고 해.

미하우   그래? 좀 더 가까운 곳에서 보고 싶어.
저쪽으로 가 보자.

어휘와 표현

Słownictwo
i wyrażenia

확인하다 sprawdzić, potwierdzić	옆쪽 tamta strona
이따가 później (tego samego dnia), za chwilę, nieco później, potem (ale jeszcze dziś)	연못 staw
	잔치 przyjęcie
완전히 w ogóle, zupełnie	벌이다 organizować, rozpoczynać
대부분 większość	잔치를 벌이다 wydać, wydawać przyjęcia
서양식 styl zachodni	

문법 II
Gramatyka II

1 N-(이)라고 하다 'powiedzieć/mówić, że N jest/są ...'

Konstrukcja przytoczeniowa 'N-(이)라고 하다' jest używana, gdy cytowana wypowiedź zawiera orzeczenie imienne 'N이다' 'być KIM, CZYM'. Autor przytaczanej wypowiedzi sygnalizowany jest rzeczownikową końcówką '이/가' lub '은/는'. W orzeczeniu głównym zamiast czasownika '하다' może wystąpić '듣다' 'słuchać, słyszeć'.

철수 씨 "저기가 강의실입니다." → 철수 씨가 저기가 강의실이라고 했어요.

미영 씨 "그분이 김 선생님이에요." → 미영 씨가 그분이 김 선생님이라고 했어요.

영준 씨 "우리 가족은 네 명이에요."
　　　 → 영준 씨가 (영준 씨) 가족은 네 명이라고 했습니다.

소피 씨 "저는 폴란드 사람입니다." → 소피 씨는 폴란드 사람이라고 했습니다.

아저씨 "사과는 일 킬로그램에 2즈워티입니다."
　　　 → 아저씨가 사과는 일 킬로그램에 2즈워티라고 했어요.

2 N-이었다고/였다고 하다 'powiedzieć/mówić, że N był/była/było/byli/były ...'

Konstrukcja przytoczeniowa 'N-이었다고/였다고 하다' jest używana w sytuacji, gdy cytowana wypowiedź zawiera schemat zdaniowy '... N이었다' '... był/była/było/byli/były N'. Autor przytaczanej wypowiedzi sygnalizowany jest rzeczownikową końcówką '이/가' lub '은/는'. W orzeczeniu głównym zamiast czasownika '하다' może wystąpić '듣다' 'słuchać, słyszeć'.

민우 씨 "10년 전에는 여기가 공원이었어요."
　　　 → 민우 씨가 10년 전에는 여기가 공원이었다고 했어요.

윤석 씨 "이것은 진수가 좋아하는 노래였어요."
　　　 → 윤석 씨가 이것은 진수가 좋아하는 노래였다고 했어요.

영미 씨 "전에는 버스 요금이 800원이었어요."
　　　 → 영미 씨가 전에는 버스 요금이 800원이었다고 했어요.

소피 "박 선생님은 학생들한테 인기가 있는 분이었어."
　　　 → 소피가 박 선생님은 학생들한테 인기가 있는 분이었다고 했어.

연습 II
Ćwiczenia II

1 〈보기〉와 같이 하세요. Przekształć zdania według wzoru.

> **보기** 수미 씨: "강의실은 320호예요."
> → <u>수미 씨가 강의실은 320호라고 했어요</u>.

(1) 미하우 씨: "시험이 수요일이에요."

→ ___________________________________.

(2) 진수 씨: "이번 주 금요일이 미하우 씨 생일이에요."

→ ___________________________________.

(3) 준서 씨: "약속 시간이 3시예요."

→ ___________________________________.

(4) 표트르 씨: "한스 씨는 독일 사람이에요."

→ ___________________________________.

(5) 마리 씨: "전공이 물리학이에요."

→ ___________________________________.

(6) 에밀리아 씨: "제가 좋아하는 색은 보라색이에요."

→ ___________________________________.

2 〈보기〉와 같이 하세요. Przekształć zdania według wzoru.

> **보기** 미하우 씨: "추석은 지난주 금요일이었어요."
> → <u>미하우 씨가 추석은 지난주 금요일이었다고 했어요</u>.

(1) 민우 씨: "표트르 씨는 폴란드에서 선생님이었어요."

→ ___________________________________.

(2) 나영 씨: "옛날에는 이 건물이 병원이었어요."

→ ___________________________________.

(3) 에밀리아 씨: "작년에는 책값이 20,000원이었어요."

→ ___________________________________.

(4) 영석 씨: "민수 씨가 준비한 음식은 만두였어요."

→ ___________________________________.

(5) 요안나 씨: "입학식은 3월 2일이었어요."

→ ___________________________________.

(6) 소피 씨: "준석 씨를 처음 만난 곳은 도서관 앞이었어요."

→ ___________________________________.

어휘와 표현
Słownictwo
i wyrażenia

물리학 fizyka

보라색 fiolet, fioletowy kolor

입학식 immatrykulacja (uroczystość przyjęcia nowych uczniów, studentów),
inauguracja roku szkolnego, akademickiego dla nowych uczniów, studentów

연습 Ⅲ
Ćwiczenia Ⅲ

track 30

잘 듣고 사람들이 왜 늦는다고 했는지 연결해 보세요. Wysłuchaj krótkich wypowiedzi i zaznacz powody spóźnienia poszczególnych osób.

(1) 준서 ·   · (a) 늦잠을 잤다고 했어요.

(2) 미하우 ·   · (b) 수업이 늦게 끝났다고 했어요.

(3) 수미 ·   · (c) 길이 막힌다고 했어요.

2 잘 듣고 질문에 답하세요. Wysłuchaj dialogu i odpowiedz na pytania.

(1) 미하우는 오늘 왜 영화를 못 봅니까?
Dlaczego Michał dzisiaj nie może obejrzeć filmu?

① 부모님이 오셔서
② 몸이 안 좋아서
③ 보고서를 써야 해서

(2) 몇 명이 영화를 봅니까? _______ 명

3 친구에 대해서 질문해 보고 친구가 뭐라고 했는지 다른 친구들 앞에서 발표해 보세요. Skieruj poniższe pytania do innej osoby, a po uzyskaniu jej odpowiedzi, przekaż ją w formie przytoczenia.

질문	대답
(1) 취미가 뭐예요?	
(2) 별명이 뭐예요?	
(3) 어디에서 태어났어요?	
(4) 어제 뭐 했어요?	
(5) 오늘 저녁에 뭘 할 거예요?	
(6) 장래 희망이 뭐예요?	
(7) _______________?	

어휘와 표현
Słownictwo i wyrażenia

보기   파베우 씨는 취미가 축구라고 했어요.

메시지 wiadomość   별명 pseudonim, przydomek
남기다 zostawić   장래 희망 marzenia na przyszłość

11과

기침을 하느라고
잠을 못 잤어

- 감기 (przeziębienie)
- 병원 (przychodnia, szpital)
- 약국 (apteka)

박준서　미하우, 축구하자!

미하우　준서 왔구나. 들어와.

박준서　얼굴이 왜 그래? 아파 보인다.

미하우　어젯밤에 기침을 하느라고 잠을 못 잤어.

박준서　감기가 심하구나. 약은 먹었니?

미하우　아직 안 먹었어. 아무 약이나 먹으면 안 될 것 같아서.

박준서　그럼 얼른 병원에 가 봐.

미하우　이 근처에 병원이 있니?

박준서　서울대입구역 5번 출구 근처에 내과가 하나 있어.
　　　　거기가 괜찮다고 들었어.

미하우　알았어. 오늘 날씨 어때? 춥니?

박준서　아니, 전혀 춥지 않아. 그래도 따뜻하게 입고 가.

미하우　알았어. 고마워.

track 31

미하우　여기가 5번 출구구나.
　　　　병원이 이 근처에 있다고 했는데. 아, 저기 내과가 있다.

　　　　　　　*　　　*　　　*

간호사　어서 오세요. 저희 병원에 처음 오셨어요?

미하우　네. 오늘 처음 왔는데요.

간호사　그럼 여기에 이름이랑 외국인등록번호, 연락처 좀 써 주세요.

미하우　네.

간호사　어디가 아파서 오셨어요?

미하우　목이 아프고 기침이 많이 나요.

간호사　열은 없어요?

미하우　열은 안 나요.

간호사　잠깐 체온을 좀 잴게요.

　　　　　　　*　　　*　　　*

간호사　열은 없네요. 저쪽에 앉아서 잠시 기다려 주세요.

미하우　알겠습니다.

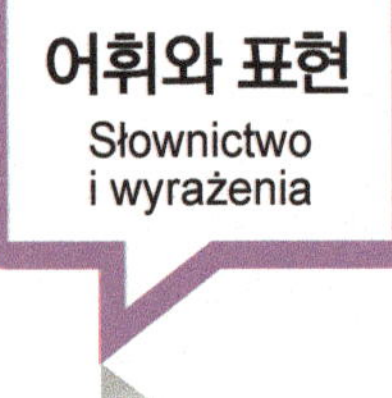

기침 kaszel

심하다 być mocnym, ciężkim

얼른 szybko

출구 wyjście

내과 gabinet internistyczny (także szpital, klinika, oddział lub przychodnia)

전혀 zupełnie, w ogóle

외국인등록번호 numer karty pobytu cudzoziemca (odpowiednik polskiego numeru PESEL dla cudzoziemców)

연락처 numer kontaktowy (np. numer telefonu komórkowego)

잠깐 chwila (pot.)

체온 temperatura ciała

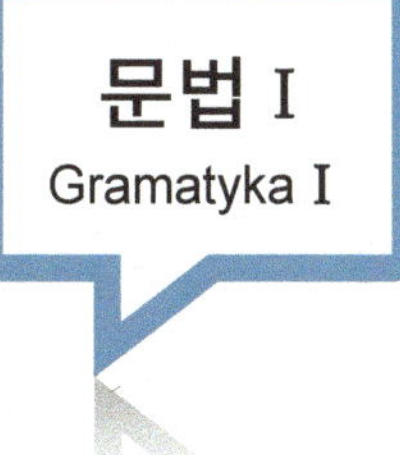

문법 I
Gramatyka I

1 V-ㄴ다/는다, A-다, N-(이)다

Końcówki finitywne formy narratywnej 'V-ㄴ다/는다', 'A-다', 'N-(이)다' mogą, w potocznym stylu mówionym, komunikować zdziwienie, zaskoczenie bądź podziw nadawcy.

야, 잘 달린다!

와, 예쁘다!

야, 바다다!

정말 맛있게 잘 먹는다.

오늘은 하늘이 참 파랗다.

진짜 재미있는 사람이다.

2 V-느라고 'z powodu V'

Niefinitywna końcówka czasownikowa 'V-느라고' komunikuje uzasadnienie działań lub wyjaśnienie sytuacji nadawcy (konstrukcja przyczynowo-celowa).

낮에는 파티를 준비하느라고 무척 바빴어.

어젯밤에 숙제를 하느라고 잠을 못 잤어.

요즘 한국어를 배우느라고 아주 힘들어요.

병원에 가느라고 학교에 늦었어요.

어젯밤에 소설책을 읽느라고 잠을 못 잤어.

3 아무 N(이)나 'którykolwiek N', 'jakikolwiek N'

Konstrukcja przyzwalająca '아무 N(이)나' składa się z '아무' 'każdy', 'żaden', rzeczownika N oraz egzemplifikatywnej końcówki rzeczownikowej '(이)나' i komunikuje sytuację, gdy każde N spełnia dany warunek, bycie N jest wystarczające. Gdy N jest rzeczownikiem osobowym konstrukcja przybiera formę '아무나' 'ktokolwiek', gdy N jest '것' -'아무거나' 'cokolwiek'.

파베우는 아무 운동이나 다 잘해.

필요하면 아무 때나 찾아와도 돼.

아무거나 잘 먹어.

아무나 도서관에서 책을 빌릴 수 있니?

4 전혀 'zupełnie', 'w ogóle', 'wcale'

Przysłówek '전혀' 'zupełnie', 'w ogóle', 'wcale' pojawia się wyłącznie przed przeczącą formą czasownika lub frazy werbalnej (grupy czasownikowej).

어제는 공부를 하느라고 전혀 쉬지 못했어요.

이제 전혀 아프지 않아요.

시간이 없어서 전혀 연습을 하지 못했어요.

그것은 전혀 놀라운 일이 아니에요.

어휘와 표현
Słownictwo
i wyrażenia

바다 morze

진짜 prawdziwie, naprawdę

낮 dzień (okres od wschodu do zachodu słońca, kiedy jest jasno na dworze)

찾아오다 odwiedzić

아무거나 cokolwiek

아무나 ktokolwiek

놀랍다 być zadziwiającym, wywołującym zdziwienie

1 〈보기〉와 같이 대화를 만드세요. Utwórz dialogi według wzoru.

> 보기 A 왜 숙제를 못 했어요? (숙제, 못 하다)
>
> B 아르바이트를 하느라고 숙제를 못 했어요. (아르바이트, 하다)

(1) A ___________________? (전화, 못 받다)

    B ________________________. (음악, 듣다)

(2) A ___________________? (밤, 새우다)

    B ________________________. (보고서, 쓰다)

(3) A ___________________? (점심, 못 먹다)

    B ________________________. (낮잠, 자다)

(4) A ___________________? (늦게 자다)

    B ________________________. (텔레비전, 보다)

2 〈보기〉와 같이 대화를 완성하세요. Dokończ dialogi według wzoru.

> 보기 A 요즘 많이 바빠요?
>
> B 네, 유학 준비를 하느라고 바빠요. (유학 준비를 하다)

(1) A 지난주에 많이 바빴어요?

    B 네, ________________ 많이 바빴어요. (이사하다)

(2) A 어제 모임에 안 갔어요?

    B 네, ________________ 못 갔어요. (친구를 만나다)

(3) A 요즘 많이 힘들어요?

    B 네, ________________ 힘들어요. (기숙사 생활에 적응하다)

(4) A 어제 집에 늦게 들어갔어요?

    B 네, ________________ 늦게 들어갔어요. (친구들하고 놀다)

3 〈보기〉와 같이 대화를 완성하세요. Dokończ dialogi według wzoru.

> 보기 A 무슨 영화를 볼까요?
>
> B 아무 영화나 봅시다.

(1) A 무슨 주스를 마실래요?

    B ________________ 괜찮아요.

(2) A 무슨 과일을 살까요?

   B ＿＿＿＿＿＿＿ 좋아요.

(3) A 무슨 요일에 만날까요?

   B ＿＿＿＿＿＿＿ 괜찮아요.

(4) A 무슨 옷을 입어야 돼요?

   B ＿＿＿＿＿＿＿ 입으세요.

4 알맞은 것을 골라 대화를 완성하세요. Uzupełnij zdania wyrazami z ramki.

아무거나　　아무나　　아무 때나

(1) A 뭐 마실래요?

   B 저는 다 좋아하니까 ＿＿＿＿＿＿ 주세요.

(2) A 저 영화는 어린이도 볼 수 있어요?

   B 저 영화는 ＿＿＿＿＿＿ 볼 수 있어요.

(3) A 어떤 옷이 저한테 어울릴까요?

   B 소피 씨한테는 ＿＿＿＿＿＿ 다 잘 어울려요.

(4) A 선생님을 만나려면 언제 가야 돼요?

   B ＿＿＿＿＿＿ 오세요.

5 〈보기〉와 같이 대화를 완성하세요. Dokończ dialogi według wzoru.

> 보기
>
> A 많이 춥니?
> B 아니, <u>전혀 안 추워</u>.

(1) A 지금 바쁘니?

   B 아니, ＿＿＿＿＿＿＿.

(2) A 숙제가 많니?

   B 아니, ＿＿＿＿＿＿＿.

(3) A 김치가 맵니?

   B 아니, ＿＿＿＿＿＿＿.

(4) A 그 영화 무섭니?

   B 아니, ＿＿＿＿＿＿＿.

6 〈보기〉와 같이 대화를 완성하세요. Dokończ dialogi według wzoru.

> 보기
>
> A 수영 할 수 있니?
> B 아니, <u>전혀 못 해</u>.

(1) A 생선회 먹을 수 있니?

　　B 아니, ______________.

(2) A 테니스 칠 수 있니?

　　B 아니, ______________.

(3) A 술 마실 수 있니?

　　B 아니, ______________.

(4) A 스키 탈 수 있니?

　　B 아니, ______________.

7 알맞은 말을 골라 문장을 완성하세요. Uzupełnij zdania wyrażeniami z ramki.

전혀 못 잤어요	전혀 모르겠어요
전혀 안 해요	전혀 없어요
전혀 듣지 않아요	

(1) 수미 씨 마음을 ________________.

(2) 영석 씨는 방 청소를 ________________.

(3) 이곳에는 아는 사람이 ________________.

(4) 모기 때문에 ________________.

어휘와 표현

Słownictwo
i wyrażenia

밤을 새우다 przesiedzieć całą noc

어린이 dziecko, dzieci

생선회 ryby na surowo (sashimi)

모기 komar, komary

의 사　미하우 씨, 들어오세요.
　　　　여기 앉으세요. 어디가 불편하세요?

미하우　목이 아파서 왔습니다. 감기에 걸린 것 같아요.

의 사　언제부터 아팠습니까?

미하우　삼 일 전부터요. 열은 없는데 기침이 심해요.
　　　　어젯밤에는 기침이 심해서 잠을 전혀 못 잤어요.

의 사　좀 봅시다. '아' 하세요. 목감기가 심하네요.

미하우　네. 어떻게 하면 빨리 나을까요?

의 사　따뜻한 물을 많이 드세요. 그리고 푹 쉬세요.

미하우　네, 알겠습니다. 감사합니다.

＊　　＊　　＊

간호사　미하우 씨, 처방전 여기 있습니다.

미하우　어디에서 약을 사면 돼요?

간호사　이 건물 일 층에 약국이 있어요. 거기서 사세요.

＊　　＊　　＊

미하우　여기 처방전 있어요.

약 사　네. 잠깐만 기다리세요.

＊　　＊　　＊

약 사　미하우 씨, 여기 약 받으세요.
　　　　하루에 세 번, 식사 후에 드세요.

어휘와 표현
Słownictwo
i wyrażenia

낫다 ustąpić (o chorobie, dolegliwości), wyleczyć się, wyzdrowieć

푹 głęboko, mocno

푹 쉬다 dobrze wypocząć

처방전 recepta

약사 farmaceuta, aptekarz

최민우 축구하러 안 갔니?

미하우 준서가 축구를 하자고 했는데 감기에 걸려서 못 갔어.

최민우 감기 걸렸어?

미하우 응. 목이 많이 아파. 기침도 심하고.
　　　　어젯밤에 기침 소리 못 들었니?

최민우 자느라고 못 들었어. 그런데 병원은 갔다 왔니?

미하우 응. 준서가 서울대입구역에 있는 병원에 가 보라고 해서
　　　　거기 갔다 왔어.

최민우 의사가 뭐라고 했어?

미하우 목감기가 심하다고 했어.
　　　　따뜻한 물을 많이 마시고 푹 쉬라고 했어.

최민우 약은 먹었어?

미하우 응, 아까 먹었어.
　　　　그리고 준서가 모과차를 마시라고 해서 한 잔 마셨는데
　　　　효과가 좋은 것 같아. 기침을 덜 해.

최민우 다행이네.
　　　　그래도 내일까지는 푹 쉬어.

어휘와 표현
Słownictwo
i wyrażenia

효과 rezultat, efekt

문법 II
Gramatyka II

1 'ㅅ' 불규칙   nieregularne 'ㅅ'

Tzw. nieregularne 'ㅅ' kończy temat niektórych czasowników oraz przymiotników i zanika przed końcówkami i morfemami gramatycznymi, które zaczynają się na samogłoskę.

Forma słownikowa	-아요/어요	-(으)면	-(으)세요
낫다	나아요	나으면	나으세요
짓다	지어요	지으면	지으세요
붓다	부어요	부으면	부으세요

잠을 푹 자면 감기가 나을 거예요.

집을 다 지으면 초대해 주세요.

여기까지 물을 부으세요.

2 V-자고 하다 'powiedzieć/mówić, żebyśmy V'

Konstrukcja 'V-자고 하다' jest formą przytoczeniową, która używana jest do przywoływania cudzych wypowiedzi, komunikujących chęć wspólnego wykonania danej czynności.

김치찌개를 먹으러 가자. → 김치찌개를 먹으러 가자고 했습니다.

만나서 같이 저녁 먹자. → 만나서 같이 저녁 먹자고 했다.

같이 갑시다. → 같이 가자고 했어요.

물티키노 극장 앞에서 만나요. → 물티키노 극장 앞에서 만나자고 했어요.

3 V-(으)라고 하다 'powiedzieć/mówić, żebyś/żebym/żeby V'

Konstrukcja 'V-(으)라고 하다' jest formą przytoczeniową, która używana jest do przywoływania cudzych wypowiedzi, komunikujących rozkaz bądź prośbę.

이쪽으로 가세요. → 이쪽으로 가라고 했어요.

잠깐 기다리세요. → 잠깐 기다리라고 했어요.

앞으로 열심히 공부해요. → 선생님께서 앞으로 열심히 공부하라고 하셨어요.

한국어 문법책을 사세요. → 선생님께서 한국어 문법책을 사라고 하셨어요.

언제든지 질문하세요. → 선생님께서 언제든지 질문하라고 하셨어요.

어휘와 표현

Słownictwo
i wyrażenia

짓다 budować

붓다 nalać, nalewać, wlać (płyn)

초대하다 zaprosić

언제든지 kiedykolwiek, w każdym momencie

1 다음 빈칸을 채우세요. Uzupełnij poniższą tabelkę.

	-습니다/ㅂ니다	-아요/어요	-(으)ㄹ 거예요	-고	-(으)면
낫다	낫습니다		나을 거예요		
짓다		지어요			
붓다	붓습니다			붓고	부으면

2 〈보기〉와 같이 문장을 완성하세요. Dokończ zdania według wzoru.

> 보기　이 약을 먹고 집에서 쉬면 병이 <u>나을</u> 거예요. (낫다)

(1) 시청 앞에 새 빌딩을 ＿＿＿고 있다. (짓다)

(2) 감기에 걸렸는데 잘 ＿＿＿지 않는다. (낫다)

(3) 예쁜 집을 ＿＿＿면 좋겠어요. (짓다)

(4) 그릇에 물을 ＿＿＿어 주세요. (붓다)

3 〈보기〉와 같이 하세요. Przekształć zdania według wzoru.

> 보기　　영석 씨: "내일 만나자."
> → <u>영석 씨가 내일 만나자고 했어요.</u>

(1) 에밀리아 씨: "막걸리를 마시자."

→ ＿＿＿＿＿＿＿＿＿＿＿＿＿＿＿＿＿＿＿＿＿.

(2) 수미 씨: "같이 커피 마시러 갑시다."

→ ＿＿＿＿＿＿＿＿＿＿＿＿＿＿＿＿＿＿＿＿＿.

(3) 나영 씨: "폴란드 음식을 만듭시다."

→ ＿＿＿＿＿＿＿＿＿＿＿＿＿＿＿＿＿＿＿＿＿.

(4) 표트르 씨: "창문을 닦자."

→ ＿＿＿＿＿＿＿＿＿＿＿＿＿＿＿＿＿＿＿＿＿.

(5) 미하우 씨: "휴대폰을 끕시다."

→ ＿＿＿＿＿＿＿＿＿＿＿＿＿＿＿＿＿＿＿＿＿.

(6) 영석 씨: "오늘은 공부하지 맙시다."

→ ＿＿＿＿＿＿＿＿＿＿＿＿＿＿＿＿＿＿＿＿＿.

4 〈보기〉와 같이 하세요. Przekształć zdania według wzoru.

> **보기**   **에밀리아 씨:** "경주에 가 보세요."
> → <u>에밀리아 씨가 경주에 가 보라고 했어요.</u>

(1) 영석 씨: "텔레비전을 켜세요."

→ _______________________________________.

(2) 미하우 씨: "쇼팽의 야상곡을 들으세요."

→ _______________________________________.

(3) 나영 씨: "담배를 끊으세요."

→ _______________________________________.

(4) 소피 씨: "선물을 사 오세요."

→ _______________________________________.

(5) 민우 씨: "사진 찍지 마세요."

→ _______________________________________.

(6) 어머니: "밥 먹기 전에 손 씻어."

→ _______________________________________.

어휘와 표현
Słownictwo
i wyrażenia

빌딩 budynek

막걸리 *makkolli* (alkohol z ryżu)

휴대폰 telefon komórkowy

끄다 wyłączyć

야상곡 nokturn (forma muzyczna)

1  track 33

잘 듣고 〈보기〉에서 이유를 고르세요.
Wysłuchaj krótkich dialogów i uzupełnij zdania wyrażeniami z ramki.

보기	(a) 중간고사 때문에	(b) 보고서 때문에
	(c) 감기 때문에	(d) 아르바이트 때문에

(1) (　　　　　　　) 모임에 못 갔어요.

(2) (　　　　　　　) 전화를 못 했어요.

(3) (　　　　　　　) 점심을 못 먹었어요.

2

다음은 의사와 환자의 대화입니다. 잘 듣고 의사가 뭐라고 했는지 연결해 보세요. Wysłuchaj dialogów lekarza z pacjentem i zaznacz, które wypowiedzi pochodzą od lekarza.

(1) •　　　　　　　　　• (a) 약을 더 먹으라고 했어요.

(2) •　　　　　　　　　• (b) 물을 많이 마시라고 했어요.

(3) •　　　　　　　　　• (c) 말을 많이 하지 말라고 했어요.

3

다음을 좋아하는지 싫어하는지에 대해서 '전혀', '별로', '아주'를 사용해서 이야기해 보세요.
Odpowiedz na pytania, używając przysłówka '전혀', '별로' lub '아주'.

아주 좋아해요.

별로 안 좋아해요.

전혀 안 좋아해요.

질문	대답	이유
헤비메탈을 좋아해요?	전혀 안 좋아해요.	너무 시끄러워요.
텔레비전 보는 것을 좋아해요?		
자전거 타는 것을 좋아해요?		
슬픈 영화를 좋아해요?		
코미디를 좋아해요?		
여행을 좋아해요?		
노래하는 것을 좋아해요?		

콧물 katar　　　　오늘은 어떠세요? jak się pani/pan dziś czuje?

12과

잘 이해할 수 있어야 할 텐데 걱정이에요

- 전공 수업 (przedmioty kierunkowe, specjalnościowe)
- 강의계획서 (sylabusy)
- 강의 (zajęcia, wykłady)

본문 I

track 34

미하우   여기가 한국어 문법론 강의실 맞아요?

김아름   네, 맞아요.

미하우   여기 앉아도 돼요?

김아름   네. 앉으세요.

미하우   국문과 학생이세요?

김아름   네. 3학년 김아름이라고 해요.

미하우   저는 폴란드에서 온 미하우예요.
           교환학생이에요.

김아름   그래요?
           한국에 처음 오셨어요?

미하우   네. 이번이 처음이에요.
           지난주에 도착했어요.

김아름   한국어를 아주 잘하시네요.
           한국어가 전공이에요?

미하우   전공이 한국학이라서 폴란드에서 한국어를 2년 동안
           배웠어요. 그런데 이 수업 어려울까요?

김아름   조금 어렵지만 도움이 많이 될 거예요.

미하우   잘 이해할 수 있어야 할 텐데 걱정이에요.

김아름   미하우 씨는 한국말을 잘하니까 괜찮을 거예요.

미하우   앞으로 자주 보겠네요. 잘 부탁해요.

어휘와 표현
Słownictwo
i wyrażenia

문법론 teoria gramatyki

도움 pomoc

도움이 되다 być pomocnym, stać się pomocnym

이해하다 rozumieć

과목번호	010.064	과목명	한국어 문법론	강의시간	화, 목	09:00 −10:15	강의실	1동 201호

담당교수	성명: 최종국　　　　　　　　　Homepage:
	E-mail: C○○○@snu.ac.kr　　　전화번호:
	면담 장소/시간: 1동 308호, 화·목 4−5시

수업 목표	1. 한국어의 문법적 특징을 배운다. 2. 한국어의 대표적인 문법 사항을 익힌다. 3. 한국어의 문법 체계를 이해한다.

교재 및 참고문헌	주교재: 남기심·고영근(2009), 표준국어문법론(개정판), 탑출판사. 부교재: 이익섭·채완(1999), 국어문법론강의, 학연사.

평가	중간 시험	기말 시험	과제 및 발표	출석	기타	합계
	30%	30%	20%	10%	10%	100%
	비고	지각 세 번은 결석 한 번으로 처리합니다.				

별첨	주별 강의 진도표

어휘와 표현

Słownictwo i wyrażenia

- 과목 przedmiot
- 과목명 nazwa przedmiotu
- 담당교수 wykładowca danego przedmiotu
- 성명 imię i nazwisko
- 면담 konsultacje
- 장소 miejsce
- 목표 cel
- 문법적 gramatyczny
- 특징 cechy charakterystyczne; własność, charakterystyka
- 대표적 typowy (dla), reprezentatywny
- 사항 punkt, element, treść
- 익히다 zaznajomić się
- 체계 system
- 및 oraz
- 참고문헌 bibliografia (literatura)

- 주교재 podręcznik kursowy
- 개정판 wydanie poprawione
- 부교재 podręcznik pomocniczy
- 평가 ocena
- 과제 zadanie (np. praca domowa)
- 출석 obecność na zajęciach
- 기타 inne, pozostałe
- 합계 suma; razem, łącznie
- 비고 inne uwagi
- 결석 nieobecność
- 처리하다 traktować (jako), załatwić, uporać się (z CZYM)
- 별첨 załącznik, dodatek, aneks
- 주별 co tydzień, tygodniowo, na tydzień
- 진도표 zakres tematów poszczególnych zajęć (harmonogram zajęć)

1 V/A-아야/어야 할 텐데 걱정이다 'martwię, że V/A nie powiedzie się', 'obawiam się, że V/A nie uda się'

Konstrukcja 'V/A-아야/어야 할 텐데 걱정이다' komunikuje obawę nadawcy, że planowana czynność V lub przewidywany stan A nie dojdzie do skutku, nie powiedzie się. Nadawca ma nadzieję, że V/A spełni się, ale obawia się, że tak się nie stanie.

유학 생활을 잘해야 할 텐데 걱정이에요.

병이 빨리 나아야 할 텐데 걱정입니다.

학교를 잘 찾아가야 할 텐데 걱정이에요. 길을 몰라요.

크리스마스 때 고향에 가야 할 텐데 기차표를 못 사서 걱정이에요.

내일 북한산에 가기로 했다. 날씨가 좋아야 할 텐데 걱정이다.

친구들을 초대했어요. 음식이 맛있어야 할 텐데 요리를 잘 못해서 걱정이에요.

병 choroba

기차표 bilet kolejowy

연습 I
Ćwiczenia I

1 〈보기〉와 같이 문장을 완성하세요. Dokończ zdania według wzoru.

> 보기　내일 시험을 봐요. <u>잘 봐야 할 텐데</u> 걱정이에요. (잘 보다)

(1) 내일 등산을 가기로 했어요. ___________ 걱정이에요. (날씨가 좋다)

(2) 아침 7시에 비행기가 출발해요. ___________ 걱정이에요. (일찍 일어나다)

(3) 축구 시합을 해요. ___________ 걱정이에요. (우리 팀이 이기다)

(4) 등록금이 비싸요. ___________ 걱정이에요. (장학금을 받다)

2 〈보기〉와 같이 'V/A-아야/어야 할 텐데'를 써서 이어질 문장을 만드세요.
Utwórz zdania stosując 'V/A-아야/어야 할 텐데'.

> 보기　백화점에 쇼핑하러 가요. <u>예쁜 옷이 많아야 할 텐데</u>…….

(1) 친구들하고 영화를 보기로 했어요. ___________________…….

(2) 친구들을 초대해서 음식을 준비하고 있어요. ___________________…….

(3) 내일 수업 시간에 발표를 해요. ___________________…….

(4) 약속 시간에 늦었어요. ___________________…….

어휘와 표현
Słownictwo
i wyrażenia

시합 mecz, zawody

이기다 wygrać, zwyciężyć

등록금 czesne, opłata za naukę

본문 II

track 35

교수님 안녕하세요? 〈한국어 문법론〉을 맡은 최종국입니다.
반갑습니다. 한 학기 동안 열심히 공부해 봅시다.
그럼 출석을 부르겠습니다. 강영호!
강영호 네.
교수님 김아름!
김아름 네.
교수님 미하우!
미하우 네.
교수님 외국 학생이군요. 어디에서 왔어요?
미하우 폴란드에서 왔습니다. 교환학생입니다.
교수님 한국어 발음이 좋네요. 전공이 뭐예요?
미하우 한국학입니다.
교수님 그렇군요. 언제부터 한국어를 배웠어요?
미하우 대학교 1학년 때부터 배웠습니다.
배운 지 2년쯤 됐습니다.
교수님 한국어 공부가 재미있어요?
미하우 네. 정말 재미있어요.
교수님 그렇군요. 앞으로도 계속 열심히 공부하세요.
미하우 네. 알겠습니다. 감사합니다.

어휘와 표현

Słownictwo
i wyrażenia

맡다 wziąć na siebie CO, podjąć się, zobowiązać się (do zrobienia CZEGO)

최민우	오늘 수업 잘 들었어?
미하우	응.
최민우	어땠어?
미하우	조금 어려웠지만 재미있었어.
최민우	외국 학생은 너 혼자지?
미하우	응. 그래서 걱정했는데 교수님께서 친절하게 대해 주셨어.
최민우	교수님이 뭐라고 하셨는데?
미하우	처음에 어느 나라 사람이냐고 물어보셨어. 그래서 폴란드 사람이라고 했어. 또 언제부터 한국어를 배웠느냐고 물어보셔서 1학년 때부터 배웠다고 대답했어.
최민우	또 무슨 말씀 하셨어?
미하우	한국어 공부가 재미있느냐고 하셨어.
최민우	그래서 뭐라고 대답했어?
미하우	정말 재미있다고 했어. 참, 그리고 교수님이 내 발음이 좋다고 하셨어.
최민우	기분 좋았겠다. 다른 말씀은 안 하셨어?
미하우	수업 끝나고 나서 왜 한국학을 공부하느냐고 물어보셨어. 그리고 얼마 동안 한국에 머무를 거냐고 물어보셨어.

어휘와 표현

Słownictwo
i wyrażenia

대하다 traktować

머무르다 przebywać, zostawać (GDZIE)

1 V-느냐고 하다 'zapytać/pytać, czy V'

Konstrukcja 'V-느냐고 하다' jest czasownikową formą przytoczeniową, która używana jest do przywoływania pytań w czasie teraźniejszym. Rzeczownik osobowy sygnalizujący autora wypowiedzi przytaczanej można oznaczyć końcówką rzeczownikową (wykładnikiem mianownika) '이/가' lub końcówką (wykładnikiem tematu zdania) '은/는'. W orzeczeniu głównym zamiast czasownika '하다' mogą wystąpić czasowniki '묻다', '물어보다' 'pytać, zapytać'. W stylu potocznym zamiast '-느냐고' często jest stosowana forma '-냐고'.

어디에 갑니까? → 어디에 가느냐고 했어요.

누구를 만납니까? → 누구를 만나느냐고 했습니다.

한국말을 할 줄 알아요? → 한국말을 할 줄 아느냐고 했어요.

한국 음식 잘 먹어요? → 한국 음식을 잘 먹느냐고 물어봤어.

2 A-(으)냐고 하다 'zapytać/pytać, czy A'

Konstrukcja 'A-(으)냐고 하다' jest przymiotnikową formą przytoczeniową, która używana jest do przywoływania pytań, które zostały wypowiedziane w czasie teraźniejszym. Rzeczownik osobowy sygnalizujący autora wypowiedzi przytaczanej można oznaczyć końcówką rzeczownikową (wykładnikiem mianownika) '이/가' lub końcówką (wykładnikiem tematu zdania) '은/는'. W orzeczeniu głównym zamiast czasownika '하다' mogą wystąpić czasowniki '듣다' 'słuchać, słyszeć' lub '묻다', '물어보다' 'pytać, zapytać'. W stylu potocznym zamiast '-으냐고' często stosowana jest forma '-냐고', np. '싫냐고', '좋냐고' czyli '으' jest często pomijane po przymiotnikach, których temat kończy się na spółgłoskę.

새 가방이 예뻐요? → 새 가방이 예쁘냐고 했어요.

방이 추워요? → 방이 추우냐고 물어보았습니다.

가족이 보고 싶어요? → 가족이 보고 싶으냐고 했어요.

3 N-(이)냐고 하다 'zapytać/pytać, czy N jest ...'

Konstrukcja 'N-(이)냐고 하다' jest formą przytoczeniową, która używana jest do przywoływania pytań, które zawierają pytajną formę spójki '이다' 'być KIM, CZYM'. Rzeczownik osobowy sygnalizujący autora wypowiedzi przytaczanej można oznaczyć końcówką rzeczownikową (wykładnikiem mianownika) '이/가' lub końcówką (wykładnikiem tematu zdania) '은/는'. W orzeczeniu głównym zamiast czasownika '하다' mogą wystąpić czasowniki '묻다', '물어보다' 'pytać, zapytać'.

어느 나라 사람이에요? → 교수님께서 나에게 어느 나라 사람이냐고 물어보셨다.

여기가 표트르 씨 집이지요? → 여기가 표트르 씨 집이냐고 물어보았어요.

소피 씨 방이 2층이에요? → 소피 씨 방이 2층이냐고 했어요.

시험이 언제예요? → 시험이 언제냐고 물어보았습니다.

4 V/A-았느냐고/었느냐고 하다 'zapytać/pytać, czy V/A'

Konstrukcja 'V/A-았느냐고/었느냐고 하다' jest formą przytoczeniową, która używana jest do przywoływania pytań, które zostały wypowiedziane w czasie przeszłym. Rzeczownik osobowy sygnalizujący autora wypowiedzi przytaczanej można oznaczyć końcówką rzeczownikową (wykładnikiem mianownika) '이/가' lub końcówką (wykładnikiem tematu zdania) '은/는'. W orzeczeniu głównym zamiast '하다' może wystąpić '묻다', '물어보다' 'pytać, zapytać'. W stylu potocznym zamiast '-느냐고' często jest stosowana forma '-냐고'.

언제부터 한국어를 배웠습니까? → 언제부터 한국어를 배웠느냐고 하셨다.

민우 씨, 주말에 뭐 했어요? → 민우 씨에게 주말에 뭐 했느냐고 물어봤어요.

마렉 씨를 못 봤어요? → 마렉 씨를 못 봤느냐고 했습니다.

즐거웠어요? → 즐거웠느냐고 물었습니다.

5 V-(으)ㄹ 거냐고 하다 'zapytać/pytać, czy V będzie'

Konstrukcja 'V-(으)ㄹ 거냐고 하다' jest formą przytoczeniową, która używana jest do przywoływania pytań o plany na przyszłość. Rzeczownik osobowy sygnalizujący autora wypowiedzi przytaczanej można oznaczyć końcówką rzeczownikową (wykładnikiem mianownika) '이/가' lub końcówką (wykładnikiem tematu zdania) '은/는'. W orzeczeniu głównym zamiast '하다' może wystąpić czasowniki '묻다', '물어보다' 'pytać, zapytać'.

한국어 공부가 끝나면 뭐 할 거예요?
→ 한국어 공부가 끝나면 뭐 할 거냐고 물었습니다.

내일 무슨 영화를 볼 거예요? → 내일 무슨 영화를 볼 거냐고 했어요.

무슨 노래를 부를 거예요? → 무슨 노래를 부를 거냐고 물었다.

졸업식 때는 어떤 옷을 입을 거예요?
→ 졸업식 때는 어떤 옷을 입을 거냐고 했습니다.

어휘와 표현
Słownictwo
i wyrażenia

졸업식 uroczystość ukończenia studiów lub szkoły,
        uroczystość wręczenia dyplomów, pożegnanie absolwentów

연습 II
Ćwiczenia II

1 〈보기〉와 같이 하세요. Przekształć zdania według wzoru.

> 보기　　미하우 씨: "언제 서울로 가요?"
> → 미하우 씨가 언제 서울로 가느냐고 했어요.

(1) 요안나 씨: "뭘 공부해요?"
→ ___________________________________.

(2) 에밀리아 씨: "비빔밥을 어떻게 만들어요?"
→ ___________________________________.

(3) 진수 씨: "왜 폴란드에 전화를 안 해요?"
→ ___________________________________.

(4) 나영 씨: "소설책을 자주 읽어요?"
→ ___________________________________.

(5) 준석 씨: "미하우 씨 생일이 며칠인지 알아요?"
→ ___________________________________.

(6) 표트르 씨: "무슨 음악을 들어요?"
→ ___________________________________.

2 〈보기〉와 같이 하세요. Przekształć zdania według wzoru.

> 보기　　파베우 씨: "동생이 키가 커요?"
> → 파베우 씨가 동생이 키가 크냐고 물었어요.

(1) 진수 씨: "폴란드는 집값이 비싸요?"
→ ___________________________________.

(2) 민우 씨: "집이 여기에서 멀어요?"
→ ___________________________________.

(3) 유스트나 씨: "바깥 날씨가 추워요?"
→ ___________________________________.

(4) 요안나 씨: "무슨 음식이 제일 맛있어요?"
→ ___________________________________.

(5) 에밀리아 씨: "교실에 사람이 많아요?"
→ ___________________________________.

(6) 표트르 씨: "한국어 공부하기가 어려워요?"
→ ___________________________________.

3 〈보기〉와 같이 하세요. Przekształć zdania według wzoru.

> 보기 **민수 씨:** "폴란드에서 제일 높은 산이 뭐예요?"
> → 민수 씨가 폴란드에서 제일 높은 산이 뭐냐고 물었어요.

(1) 미하우 씨: "이 식당에서 제일 맛있는 음식이 뭐예요?"

→ ___________________________________.

(2) 준서 씨: "전공이 뭐예요?"

→ ___________________________________.

(3) 영준 씨: "지금 몇 시예요?"

→ ___________________________________.

(4) 요안나 씨: "미하우 씨 옆에 있는 사람이 누구예요?"

→ ___________________________________.

(5) 나영 씨: "오늘이 무슨 요일이에요?"

→ ___________________________________.

(6) 에밀리아 씨: "가족이 몇 명이에요?"

→ ___________________________________.

4 〈보기〉와 같이 하세요. Przekształć zdania według wzoru.

> 보기 **나영 씨:** "어제 저녁에 뭘 먹었어요?"
> → 나영 씨가 어제 저녁에 뭘 먹었느냐고 했어요.

(1) 수미 씨: "감기에 걸렸어요?"

→ ___________________________________.

(2) 에밀리아 씨: "백화점에서 무슨 옷을 샀어요?"

→ ___________________________________.

(3) 미하우 씨: "누구하고 닮았어요?"

→ ___________________________________.

(4) 올가 씨: "시험이 어려웠어요?"

→ ___________________________________.

(5) 민수 씨: "생일 파티에 누가 왔어요?"

→ ___________________________________.

(6) 진수 씨: "음식이 맛있었어요?"

→ ___________________________________.

(7) 유스트나 씨: "손님이 몇 명이었어요?"

→ _________________________________.

(8) 준석 씨: "지난 시간에 배운 노래가 뭐였어요?"

→ _________________________________.

5 〈보기〉와 같이 하세요. Przekształć zdania według wzoru.

> **보기**　　**영석 씨:** "언제 다시 한국에 올 거예요?"
> → 영석 씨가 언제 다시 한국에 올 거냐고 했어요.

(1) 수미 씨: "대학원에서 한국어를 전공할 거예요?"

→ _________________________________.

(2) 윤지 씨: "무슨 노래를 부를 거예요?"

→ _________________________________.

(3) 표트르 씨: "음식을 많이 만들 거예요?"

→ _________________________________.

(4) 미란 씨: "동생 결혼식 때 무슨 옷을 입을 거예요?"

→ _________________________________.

(5) 올가 씨: "무슨 커피를 마실 거예요?"

→ _________________________________.

(6) 수연 씨: "언제 보고서를 제출할 거예요?"

→ _________________________________.

어휘와 표현

Słownictwo
i wyrażenia

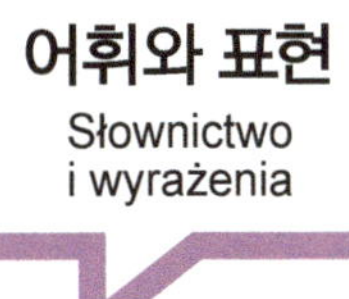

제출하다 oddać, złożyć (np. pracę, dokument)

연습 Ⅲ
Ćwiczenia Ⅲ

 track 36

잘 듣고 질문에 답하세요. Wysłuchaj dialogu i odpowiedz na pytania.

(1) 미하우 씨는 지금 어디에 가려고 합니까? Dokąd teraz idzie Michał?

____

(2) 지금 날씨는 어떻습니까? 고르세요. Zaznacz, jaka jest teraz pogoda.

① ② ③

잘 듣고 질문에 답하세요. Wysłuchaj dialogu i odpowiedz na pytania.

(1) 동생이 누나에게 뭐라고 했는지 맞는 것을 고르세요.
Zaznacz to, co powiedział chłopiec do starszej siostry.

① 엄마 생신이 언제냐고
② 엄마 선물을 같이 사자고
③ 엄마가 구두를 좋아하신다고

(2) 대화의 중심 내용은 무엇일까요? Co jest głównym tematem rozmowy?

① 생신 선물　　　　② 돈　　　　③ 낡은 구두

(3) 내용과 같으면 O, 다르면 X 하세요. Zdania zgodne z treścią dialogu
oznacz symbolem „O", zdania niezgodne z dialogiem - symbolem „X".

① 두 사람은 토요일에 구두를 사러 백화점에 갈 것입니다. (　　)
② 누나는 선물을 샀는데 동생은 선물을 사지 않았습니다. (　　)

3 친구들하고 고민을 이야기하고 해결 방안에 대해서 이야기해 봅시다.
Porozmawiajmy teraz o naszych kłopotach i o tym, jak je można rozwiązać.

A 등록금을 내야 할 텐데 돈이 모자라서 걱정이야.
　　좋은 방법이 없을까?

B 아르바이트를 해 봐.

어휘와 표현
Słownictwo
i wyrażenia

생신 urodziny (hon.)　　　　방법 sposób, metoda

낡다 być starym, zniszczonym　　　모자라다 brakować, być w niewystarczającej liczbie,
　　　　　　　　　　　　　　　　ilości, stopniu

13과

통장을 만들려고 왔는데요

- 기념품 가게 (sklep z pamiątkami)
- 미용실 (zakład fryzjerski)
- 은행 (bank)

본문 I

track 37

박준서 미하우, 어디 가니?

미하우 준서구나.
난 학생회관에 가. 너는?

박준서 나도 학생회관에 가는데.
같이 가자.

미하우 좋아.

박준서 근데 학생회관에는 왜 가?

미하우 기념품점에 가 보려고.
폴란드에 있는 친구에게 선물을 보내야 돼.

박준서 아, 그래?
같이 갈까? 나도 구경하고 싶어.

*　　*　　*

미하우 물건이 참 많네. 많이 없을 줄 알았는데.
아, 저기 서울대 로고가 있는 티셔츠가 예쁘다.
저 티셔츠를 사서 보내야겠어.

박준서 나는 기숙사에서 쓸 머그컵을 하나 사야겠어.

미하우 좋은 생각이야. 머그컵을 쓰는 것이 종이컵을 쓰는 것보다
나아. 환경보호에도 도움이 되고.

박준서 넌 머그컵 있니?

미하우 머그컵은 있어. 난 저기 있는 휴대용 컵을 사야겠어.
들고 다닐 수 있어서 편할 것 같아.

어휘와 표현

Słownictwo
i wyrażenia

회관 klub, centrum, dom (np. kultury),
　　sala (np. koncertowa)

기념품점 sklep z pamiątkami

로고 logo

티셔츠 T-shirt

머그컵 kubek

종이컵 kubek papierowy

낫다 być lepszym

환경보호 ochrona środowiska

휴대용 przenośny

들다 trzymać, nosić

미하우　마음에 드는 선물을 사서 기분이 좋아.

박준서　나도 구경 잘 했어. 머그컵도 사고.

미하우　너는 이제 어디 갈 거야?

박준서　머리가 너무 길어서 미용실에 가서 머리를 좀 자르려고.

미하우　학교 안에 미용실이 있어?

박준서　응. 이 건물 지하에 있는데 학생들에게는 할인을 해 줘서 가격이 싸.
　　　　그래서 나는 언제나 학교에 있는 미용실에 가.

미하우　나도 같이 가도 돼? 한국의 미용실은 어떤지 궁금해.

박준서　물론이지. 같이 가자.

＊　　＊　　＊

미하우　여기가 미용실이구나.
　　　　여기 머리 잘 자르나 봐.
　　　　손님이 많네.

미용사　어서 오세요.

박준서　머리 좀 자르려고요.

미용사　이쪽으로 오세요.

어휘와 표현
Słownictwo i wyrażenia

미용실 salon fryzjerski

할인 zniżka, ulga

가격 cena

가격이 싸다 być tanim (cena jest niska)

언제나 zawsze

미용사 fryzjerka, fryzjer

문법 I
Gramatyka I

1 V/A-(으)ㄹ 줄 알았다 'myślałem/łam, że V/A …', 'wiedziałem/łam, że V/A …'

Konstrukcja 'V/A-(으)ㄹ 줄 알았다' komunikuje niepotwierdzone, nietrafne lub nieuzasadnione przypuszczenie nadawcy. Konstrukcję tę można tłumaczyć jako 'myślałem/łam, że będzie/stanie się V/A, a okazało się, że nie V/A'.

날씨가 좋군요. 비가 올 줄 알았어요.

진수 씨가 이번 시험에 꼭 붙을 줄 알았는데 아쉽군요.

이 영화는 재미있을 줄 알았는데 실망이에요.

* Konstrukcja 'V/A-(으)ㄹ 줄 알았다' może również komunikować potwierdzone przypuszczenie nadawcy i w tym przypadku po '줄' występuje krótka pauza. W tym przypadku konstrukcję tę można tłumaczyć jako 'wiedziałem/łam, że będzie/stanie się V/A i moje przypuszczenie się sprawdziło'.

A 비가 오네요.

B 여기 우산 있어요. 비가 올 줄 알고 가져왔어요.

이 영화는 재미있을 줄 알았어요. 지난주에 예고편을 봤어요.

2 V-아야겠다/어야겠다 'trzeba będzie zrobić V', 'należy zrobić V'

Konstrukcja 'V-아야겠다/어야겠다' 'trzeba będzie zrobić V', 'należy zrobić V' używana jest, gdy nadawca uważa, że w zaistniałej sytuacji trzeba będzie, należy zrobić V.

전쟁만은 막아야겠습니다.

약속 시간에 늦을 것 같아요. 미리 전화를 걸어야겠습니다.

밖이 어두워요. 불을 켜야겠어요.

비가 올 것 같아요. 우산을 가지고 가야겠어요.

다음 주에 폴란드에 돌아간다. 부모님 선물을 사야겠다.

3 어디나, 언제나 'wszędzie', 'zawsze'

'어디나' i '언제나' są przykładem generalizacji zaimków nieokreślonych '어디' ('gdzieś') i '언제' ('kiedyś') za pomocą egzemplifikatywnej końcówki '(이)나' w sensie 'każde kiedyś (kiedykolwiek, by to nie było)', 'każde gdzieś (gdziekolwiek, by to nie było)', są zatem odpowiednikami polskiego 'wszędzie, gdziekolwiek, by to nie było' oraz 'zawsze, kiedykolwiek by to nie było'.

어디나 정이 들면 고향과 같다.

서울은 어디나 사람이 많아요.

PC방 요금은 어디나 비슷해요.

소풍날에는 언제나 비가 와요.

저는 수업 시간에 언제나 같은 자리에 앉아요.

시간이 나면 언제나 운동을 하러 가요.

4 V-나 보다, A-(으)ㄴ가 보다 'wygląda na to, że …', 'wydaje mi się, że …'

Konstrukcja 'V-나 보다', 'A-(으)ㄴ가 보다' 'wygląda na to, że …', 'wydaje mi się, że …' komunikuje przypuszczenie nadawcy, które wysnuł na podstawie zaobserwowanych faktów, zdarzeń czy jakiegoś stanu.

매일 운동을 하세요? 운동을 좋아하시나 봐요.

파베우 씨가 내일 폴란드로 돌아가나 봐요.

나영 씨가 아무것도 못 먹어요. 배가 아픈가 봐요.

이번 겨울은 작년 겨울보다 덜 추운가 봐요.

성십자가 교회는 쇼팽의 심장이 있기 때문에 유명한가 봅니다.

어휘와 표현
Słownictwo
i wyrażenia

(시험에) 붙다 zdać (egzamin)	정이 들다 poczuć przywiązanie, sympatię
아쉽다 być smutnym, wywołującym żal, smutek	PC방 kawiarenka internetowa
실망 zawód, rozczarowanie	같다 być takim samym
예고편 zwiastun filmu, zapowiedź filmowe, trailer	어디나 wszędzie
막다 udaremnić, zablokować, zatamować, wstrzymywać	소풍날 dzień, w którym urządza się piknik
미리 uprzednio	아무것도 nic

연습 I
Ćwiczenia I

1 〈보기〉와 같이 대화를 완성하세요. Dokończ dialogi według wzoru.

> 보기　　　　옷이 <u>비쌀 줄 알았는데</u> 싸네요. (비싸다)

(1) 문제가 ＿＿＿＿＿＿＿＿＿＿ 쉽네요. (어렵다)

(2) 운동장이 ＿＿＿＿＿＿＿＿＿＿ 좁네요. (넓다)

(3) 날씨가 ＿＿＿＿＿＿＿＿＿＿ 따뜻하네요. (춥다)

(4) 집이 ＿＿＿＿＿＿＿＿＿＿ 가깝네요. (멀다)

2 〈보기〉와 같이 'V/A-(으)ㄹ 줄 알았다'를 써서 이어질 문장을 만드세요.
Utwórz zdania z użyciem 'V/A-(으)ㄹ 줄 알았다'.

> 보기　　　　김치 싫어해요? <u>좋아할 줄 알았어요</u>. (좋아하다)

(1) 아직 안 자요? ＿＿＿＿＿＿＿＿＿＿＿. (자고 있다)

(2) 돼지고기 안 먹어요? ＿＿＿＿＿＿＿＿＿＿＿. (잘 먹다)

(3) 내 이름을 알아요? ＿＿＿＿＿＿＿＿＿＿. (모르다)

(4) 하숙집에서 살아요? ＿＿＿＿＿＿＿＿＿＿＿. (기숙사에서 살다)

3 〈보기〉와 같이 'V-아야겠다/어야겠다'를 써서 이어질 문장을 만드세요.
Utwórz zdania z użyciem 'V/A-아야겠다/어야겠다'.

> 보기　　　　다리가 아파요. <u>앉아야겠어요</u>.

(1) 감기에 걸렸어요. ＿＿＿＿＿＿＿＿＿.

(2) 비가 올 것 같아요. ＿＿＿＿＿＿＿＿＿.

(3) 컴퓨터가 고장 났어요. ＿＿＿＿＿＿＿＿＿.

(4) 요즘 눈이 나빠졌어요. ＿＿＿＿＿＿＿＿＿.

(5) 날씨가 좋아요. ＿＿＿＿＿＿＿＿＿.

4 〈보기〉와 같이 대화를 완성하세요. Dokończ dialogi według wzoru.

> 보기　　　　A 준석 씨가 왜 안 왔어요?
> 　　　　　　B <u>바쁜가 봐요</u>.

(1) A 미하우 씨가 졸고 있어요.
　　B ＿＿＿＿＿＿＿＿＿.

(2) A 오늘 나영 씨가 밥을 많이 먹네요.

    B __________________.

(3) A 준석 씨가 노래를 부르고 있네요.

    B __________________.

(4) A 극장 앞에 사람이 많네요.

    B __________________.

5 〈보기〉와 같이 대화를 완성하세요. Dokończ dialogi według wzoru.

> **보기**
>
> A 미하우 씨는 뭐 해요?
>
> B 방에서 <u>자나 봐요</u>. (자다)

(1) A 이게 무슨 소리예요?

    B __________________. (비, 오다)

(2) A 준석 씨는 방에서 뭐 해요?

    B __________________. (음악, 듣다)

(3) A 맛있는 냄새가 나네요.

    B 소피 씨가 __________________. (음식, 만들다)

(4) A 진수 씨가 나영 씨에게 선물을 줬어요.

    B 진수 씨가 __________________. (나영 씨, 좋아하다)

6 〈보기〉와 같이 대화를 완성하세요. Dokończ dialogi według wzoru.

> **보기**
>
> A 요안나 씨는 왜 결석했어요?
>
> B <u>감기에 걸렸나 봐요</u>. (감기, 걸리다)

(1) A 준석 씨가 많이 날씬해졌어요.

    B __________________. (다이어트, 하다)

(2) A 극장에서 사람들이 나오네요.

    B __________________. (영화, 끝나다)

(3) A 미하우 씨가 피곤해 보여요.

    B __________________. (잠, 못 자다)

(4) A 나영 씨가 기분이 좋아 보이네요.

    B __________________. (선물, 받다)

어휘와 표현

Słownictwo
i wyrażenia

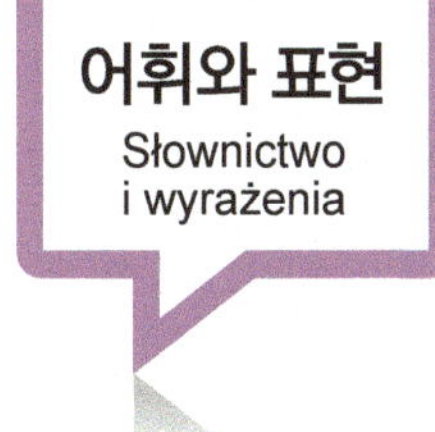

하숙집 stancja (z wyżywieniem) 날씬하다 być szczupłym

졸다 przysypiać, drzemać 다이어트 dieta

본문 II

미용사	여기 앉으세요. 뭐 하실 거예요?
박준서	머리를 좀 자르려고요.
미용사	어떤 스타일로 해 드릴까요?
박준서	요즘은 어떤 머리가 유행이에요?
미용사	예전에는 짧은 머리가 유행이었는데 요즘은 남자들도 좀 긴 머리를 좋아해요.
박준서	그럼 조금만 다듬어 주세요.
미용사	가르마는 이쪽이지요?
박준서	네.
미용사	구레나룻은 어떻게 해 드릴까요?
박준서	자르지 말고 그냥 두세요.

* * *

미용사	자, 다 됐습니다. 여기 거울 있어요. 뒷모습도 보세요. 마음에 드세요?
박준서	네. 좋은데요. 그런데 앞머리가 좀 긴 것 같아요.
미용사	앞머리 긴 것을 싫어하시나 봐요.
박준서	앞머리가 길면 좀 불편해서요.
미용사	그러시군요. 그래도 너무 짧으면 이상하니까 조금만 더 잘라 드릴게요.
박준서	네. 고맙습니다.

어휘와 표현
Słownictwo i wyrażenia

스타일 styl	두다 zostawić (bez zmian), pozostawić
유행 moda	거울 lustro
다듬다 przyciąć, podciąć, wyrównać	뒷모습 wygląd z tyłu
가르마 przedziałek	앞머리 grzywka
구레나룻 baczki, bokobrody	이상하다 być dziwnym

미하우　안녕하세요? 통장을 만들려고 왔는데요.

은행원　이 서류들을 작성해 주세요.

미하우　서류를 읽어 보니까 도장을 찍어야 되네요.
　　　　그런데 저는 도장이 없어요.

은행원　도장이 없으시면 서명을 하셔도 돼요.

미하우　여기, 서류 다 썼습니다.

은행원　신분증도 주시겠어요?

미하우　여기요. 외국인등록증이에요.

은행원　한국에 오신 지 얼마 안 되셨나 봐요.

미하우　네. 지난달에 왔어요.
　　　　한국이 처음이라서 한국 생활을 잘할 수 있을지 걱정이에요.

은행원　한국말을 잘하셔서 금방 적응하실 거예요.
　　　　걱정하지 마세요.

미하우　감사합니다.

은행원　현금카드가 있으면 편한데 현금카드도 만들어 드릴까요?

미하우　네, 만들어 주세요.

어휘와 표현

Słownictwo
i wyrażenia

서류 dokumenty

작성하다 wypełnić, pisać

도장 pieczątka, pieczęć

도장을 찍다 przystawić pieczątkę

서명 podpis

신분증 dokument tożsamości

금방 zaraz, za chwilę, wkrótce

현금카드 karta gotówkowa

문법 II
Gramatyka II

1 V-아/어 보니(까)

Niefinitywna końcówka czasownikowa 'V-아/어 보니(까)' komunikuje jakieś wrażenie podmiotu doznane po doświadczeniu CZEGO, np. po wykonaniu czynności V.

불고기를 먹어 보니까 맛있었어요.

크라쿠프에 가 보니 폴란드의 역사를 알겠어요.

한국에 와서 수업을 들어 보니 어때요?

지하철을 타 보니까 버스보다 더 빨랐어요.

2 V-(으)ㄹ 수 있을지 걱정이다 'martwić się, czy uda się V', 'obawiać się, że wykonanie V jest prawie niemożliwe'

Finitywna konstrukcja 'V-(으)ㄹ 수 있을지 걱정이다' używana jest w sytuacji, gdy nadawca obawia się, że nie uda mu się wykonać czynności V lub, gdy możliwość wykonania czynności V jest bardzo niewielka. Konstrukcję tę można tłumaczyć na polski jako 'martwić się, czy uda się V', 'obawiać się, że wykonanie V jest prawie niemożliwe'.

시험을 잘 볼 수 있을지 걱정이에요.

내일 아침에 일찍 일어날 수 있을지 걱정이에요.

유학 생활에 잘 적응할 수 있을지 걱정이다.

수업을 잘 이해할 수 있을지 걱정이다.

10시 기차를 탈 수 있을지 걱정입니다.

저는 매운 음식을 못 먹어요. 한국 음식을 잘 먹을 수 있을지 걱정이에요.

1 〈보기〉와 같이 대화를 완성하세요. Dokończ dialogi według wzoru.

> 보기 A 그 책 어때요?
> B <u>읽어 보니까</u> 참 재미있어요. (읽다)

(1) A 피에로기 어때요?

B ＿＿＿＿＿＿＿＿ 참 맛있어요. (먹다)

(2) A 그 사람 어때요?

B ＿＿＿＿＿＿＿＿ 아주 좋은 사람인 것 같아요. (만나다)

(3) A 지하철 어때요?

B ＿＿＿＿＿＿＿＿ 편해요. (타다)

(4) A 기숙사 어때요?

B ＿＿＿＿＿＿＿＿ 조금 불편해요. (살다)

2 〈보기〉와 같이 이어질 문장을 완성하세요. Uzupełnij zdania według wzoru.

> 보기 이번 시험을 잘 못 봤어요.
> <u>장학금을 받을</u> 수 있을지 걱정이에요.

(1) 내일 비가 올 것 같아요.

＿＿＿＿＿＿＿＿＿＿＿＿ 수 있을지 걱정이에요.

(2) 다음 주에 여행 가기로 했어요.

＿＿＿＿＿＿＿＿＿＿＿＿ 수 있을지 걱정이에요.

(3) 내일 면접을 봐요.

＿＿＿＿＿＿＿＿＿＿＿＿ 수 있을지 걱정이에요.

(4) 폴란드로 유학 가고 싶어요.

＿＿＿＿＿＿＿＿＿＿＿＿ 수 있을지 걱정이에요.

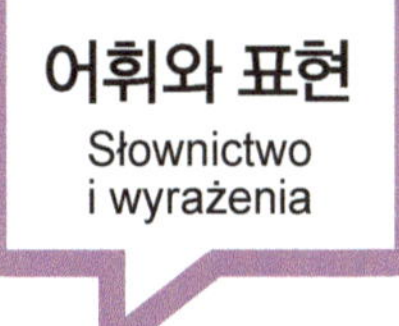

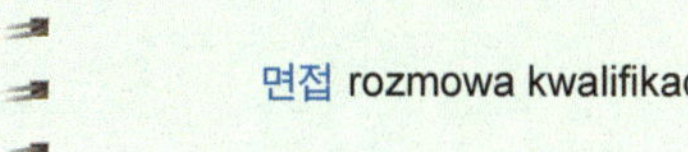

면접 rozmowa kwalifikacyjna

1 잘 듣고 질문에 답하세요. Wysłuchaj tekstu listu i odpowiedz na pytania.

(1) 이 편지는 누가 누구에게 보내는 것입니까?
Kto jest nadawcą, a kto jest adresatem listu?

______________이/가 ______________에게/께

(2) 지금 미하우가 힘들어하는 것은 무엇입니까?
Co teraz sprawia Michałowi największą trudność?

① 친구 문제
② 매운 음식
③ 복잡한 지하철

2 잘 듣고 질문에 답하세요. Wysłuchaj tekstu ogłoszenia i odpowiedz na pytania.

(1) 이 홈페이지를 방문하는 사람들은 어떤 사람들일까요?
Kto odwiedza tę stronę internetową?

① 회사에 다니는 사람들
② 아르바이트를 구하는 사람들
③ 아르바이트를 많이 하고 있는 사람들

(2) 필요하지 않은 정보는 무엇입니까?
Których informacji nie trzeba podawać?

① 나이 ② 성별 ③ 주소

3 어떤 사람이나 일에 대한 생각이 나중에 달라진 적이 있습니까?
'-(으)ㄹ 줄 알았다'와 '-아/어 보니까'를 써서 이야기해 보세요.

Posługując się '-(으)ㄹ 줄 알았다' oraz '-아/어 보니까' opisz różne sytuacje,
gdy twoja opinia na temat osoby czy faktu okazała się inna niż zakładałeś.

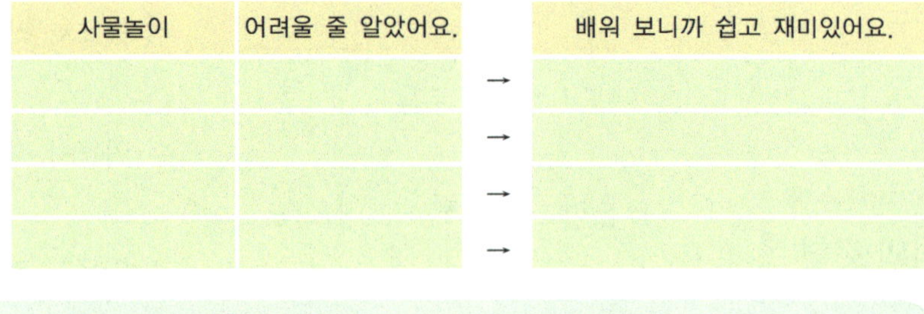

사물놀이	어려울 줄 알았어요.		배워 보니까 쉽고 재미있어요.
		→	
		→	
		→	
		→	

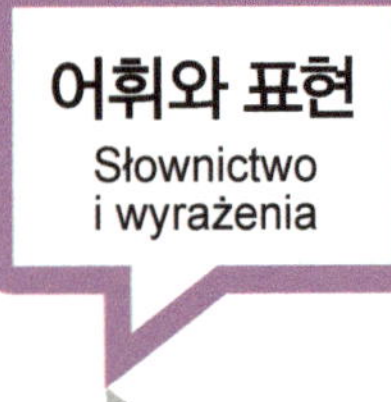

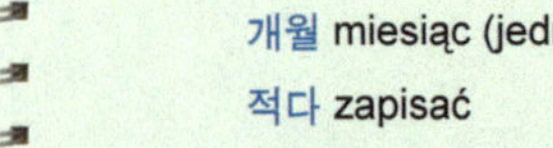

개월 miesiąc (jednostka)

적다 zapisać

방문하다 zwiedzać, odwiedzać

이곳저곳 tu i tam

성별 płeć

당신 ty, pan/pani

구하다 szukać, znaleźć

* '당신' to zaimek drugiej osoby, ale używany jest głównie w stosunku do bliżej nieokreślonego adresata np. w ogłoszeniach,
reklamach. Nie należy używać tego zaimka w bezpośredniej rozmowie w języku potocznym.

14과

저기 보이는 식당에 가 볼까요?

- 미팅 (randka w ciemno)

- 식당 (restauracja)

- 초대 (zaproszenie)

- 생일 파티 (przyjęcie urodzinowe)

본문 I

track 40

박준서 다 모였으니까 자기소개부터 할까요?
저부터 할게요.
저는 서울대학교 경영대학 1학년 박준서라고 합니다.
만나서 반갑습니다.

최민우 안녕하세요?
저는 최민우예요. 저도 경영대학에 다녀요.
저는 영화를 무척 좋아해요.
오늘 저하고 파트너가 되시면 영화를 보여 드릴게요.

김영호 안녕하세요?
저는 준서 고등학교 친구고 서울대학교 전기공학부에
다니는 김영호라고 합니다.
저는 운동을 무척 좋아해요.
아무리 바빠도 일주일에 한 번은 꼭 축구를 해요.
운동에 관심이 있는 분이랑 파트너가 되고 싶어요.

미하우 안녕하세요?
저는 미하우예요.
폴란드에서 온 교환학생인데 지금 서울대학교 국문과에
서 공부하고 있어요.
그리고 저기 있는 민우의 기숙사 룸메이트예요.
사실 저는 지금까지 미팅을 한 번도 못 해 봤어요.
오늘이 첫 미팅입니다. 잘 부탁합니다.

박준서 자, 그럼 여학생들도 자기소개를 해 주세요.
그리고 나서 파트너를 정합시다.

어휘와 표현
Słownictwo
i wyrażenia

경영대학 wydział zarządzania
파트너 partner, partnerka
전기공학부 wydział elektrotechniki
아무리 nawet jeśli, chociażby, choćby
사실 naprawdę, faktycznie,
　　　rzeczywiście, istotnie

미팅 randka w ciemno
첫 pierwszy, pierwsza
정하다 ustalać

미하우 서영 씨가 제 파트너가 됐네요.
저녁 시간이 다 됐는데 밥부터 먹을까요?

이서영 좋아요. 한국 음식 좋아해요?

미하우 네. 그럼요.

이서영 그럼 저기 보이는 식당에 가 볼까요?
아주 유명한 식당이에요.

미하우 좋아요.

* * *

이서영 미하우 씨, 뭐 먹고 싶어요?

미하우 글쎄요. 제가 아직 한국 음식을 많이 안 먹어 봐서 뭘
먹을지 잘 모르겠어요.

이서영 한국 음식은 뭘 먹어 봤어요?

미하우 불고기하고 김치찌개하고 비빔밥을 먹어 봤어요.

이서영 어땠어요?

미하우 다 맛있었어요.

이서영 그래요? 설렁탕도 먹어 봤어요?

미하우 아니요, 그건 한 번도 못 먹어 봤어요.

이서영 설렁탕은 소고기로 끓인 국인데 국물이 아주 맛있어요.

미하우 고기가 많이 들어 있어요?

이서영 아니요. 고기는 별로 안 들어 있어요.

미하우 난 고기가 많은 게 좋은데.

이서영 그럼 갈비탕을 먹을래요?
이 식당 갈비탕은 고기가 많이 들어 있는 편이에요.

미하우 그럼 저는 갈비탕으로 할래요.

어휘와 표현
Słownictwo
i wyrażenia

보이다 być widocznym, widzialnym

설렁탕 *seolleongtang* (zupa gotowana na kościach wołowych z mięsem)

국물 zupa, sos, sok (płynna część potrawy)

들어 있다 zawierać

갈비탕 *galbitang* (zupa na żeberkach wołowych)

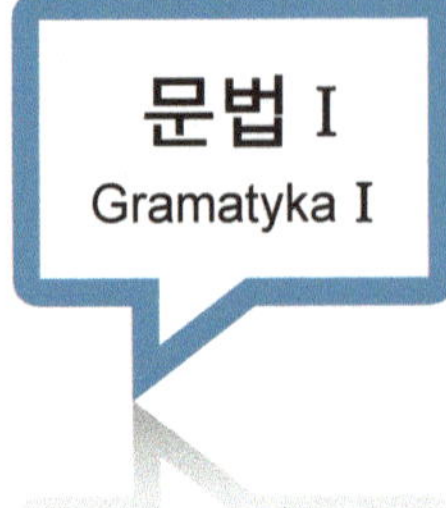

1 아무리 V/A-아도/어도 Z 'choćby V/A to i tak Z', 'nawet jeśli V/A to i tak Z'

Konstrukcja przyzwalająca '아무리 V/A-아도/어도 Z' komunikuje znaczenie nieskuteczności działań bądź bezradności podmiotu, tzn. niezależnie od włożonego wysiłku bądź podejmowanych starań działania podmiotu nie dają oczekiwanego rezultatu, nie mogą być uwieńczone powodzeniem. Taka konstrukcja składa się z przysłówka '아무리' 'nawet jeśli, chociażby, choćby', niefinitywnej formy 'V/A-아도/어도' oraz właściwego zdania Z. Zdanie Z ma znaczenie przeczące bądź przeciwstawne względem oczekiwań.

일이 너무 많아요. 아무리 일을 해도 끝나지 않아요.

발음이 어려워요. 아무리 연습을 해도 잘 안 돼요.

긴장이 돼서, 아무리 자려고 해도 잠이 안 왔어요.

아무리 생각해도 무슨 뜻인지 모르겠어요.

아무리 힘들어도 포기하지 않고, 열심히 하겠습니다.

제가 아무리 돈이 많아도 빌 게이츠보다는 적어요.

2 한 N도 안/못 V 'żaden N nie V', 'ani jeden N nie V'

Schemat zdaniowy '한 N도 안/못 V' 'żaden N nie V', 'ani jeden N nie V' komunikuje bardzo silną negację i składa się z liczebnika '한' 'jeden', policzalnego rzeczownika N z końcówką rzeczownikową '-도' 'nawet' oraz czasownika V w formie przeczenia '안' lub '못'. Zamiast rzeczownika N może wystąpić grupa nominalna, która składa się z rzeczownika N oraz klasyfikatora wskazującego rodzaj N. W drugim wypadku liczebnik '한' występuje przed klasyfikatorem, a końcówka '-도' 'nawet' dodawana jest do klasyfikatora. Takie użycie można tłumaczyć na polski jako 'ani jeden N' czyli 'żaden N' ('w zbiorze wszystkich N nie ma nawet jednego N, który by ...').

아직 한 사람도 안 왔어요.

그건 한 번도 못 먹어 봤어요.

오늘은 전화가 한 통도 안 왔어요.

부모님께 편지를 한 통도 못 썼어요.

◎ W schemacie zdaniowym '한 N도 안/못 V' 'żaden N nie V' zamiast formy przeczącej V może wystąpić wyraz leksykalnie przeczący, np. '없다' 'nie znajdować się, nie mieć'.

길거리에 차가 한 대도 안 다녀요.

길거리에 차가 한 대도 없어요.

3 V-이/히/리/기- forma bierna (passivum)

Forma bierna używana jest w sytuacji, gdy nie wiadomo, kto wykonał daną czynność lub gdy wykonawca czynności nie jest istotny w danej wypowiedzi albo gdy tożsamość wykonawcy danej czynności jest ogólnie, powszechnie znana tzn. gdy najważniejsza treść, którą nadawca chce przekazać, dotyczy osoby lub rzeczy poddanej danemu działaniu (czyli pacjensa, doznawcy skutków działania).
W zdaniu biernym wykonawca czynności (agens) bywa sygnalizowany końcówką rzeczownikową '-에게', '-한테' (rzeczowniki osobowe) lub '-에' (rzeczowniki nieosobowe). Gdy wskazanie wykonawcy czynności nie jest, zdaniem nadawcy, niezbędne rzeczownik nazywający wykonawcę (agensa) bywa pomijany.

온 세상이 흰 눈에 다 덮였다. (흰 눈이 온 세상을 다 덮었다.)

그는 상대편 선수에게 다리를 차였다. (상대편 선수가 그의 다리를 찼다.)

저기 보이는 건물이 도서관이에요. (우리가 보는 건물이 도서관이에요.)

도둑이 잡혔어요. (경찰이 도둑을 잡았어요.)

◎ W języku koreańskim forma bierna czasownika tworzona jest poprzez dodanie słowotwórczych morfemów '-이-, -히-, -리-, -기-' do tematu czasownika. Wybór morfemów nie jest jednak dowolny i poszczególne formy bierne trzeba zapamiętać odrębnie dla każdego czasownika. Przykłady takich form podane zostały w poniższej tabeli.

-이-	-히-	-리-	-기-
놓다 - 놓이다 보다 - 보이다 덮다 - 덮이다 차다 - 차이다 잠그다 - 잠기다	닫다 - 닫히다 읽다 - 읽히다 잡다 - 잡히다	걸다 - 걸리다 듣다 - 들리다 열다 - 열리다 팔다 - 팔리다	끊다 - 끊기다 안다 - 안기다 쫓다 - 쫓기다

(내가) 바다를 본다. 바다가 보인다.

어머니께서 문을 잠그셨어요. 문이 잠겨 있어서 들어가지 못해요.

창문을 닫아요. 창문이 닫혀요.

이 책이 요즘 많이 읽힙니다.

그림이 벽에 걸려 있습니다.

새 소리가 들려요.

창문이 열려 있어요.

요즘 딸기가 잘 팔려요.

전화가 끊겼습니다.

아기가 엄마한테 안겨 있다.

그 사람은 경찰한테 쫓기고 있다.

4 V/A-(으)ㄴ/는 편이다 'raczej V/A'

Konstrukcja 'V/A-(으)ㄴ/는 편이다' 'raczej V/A' jest używana do komunikowania
znaczenia przynależności do klasy zjawisk, stanów lub cech przejawiających
się silniej niż przeciętnie (w odniesieniu do ogólnej bazy porównawczej),
a więc w sensie oddawanym przez polskie przysłówki stopnia wyższego 'raczej,
bardziej, wyraźniej, itd.' ('ten obiekt ma bardziej cechę X niż Y', gdzie cechy te
mają charakter biegunowy).

이 도로는 사고가 많은 편이다.

요즘은 조금 바쁜 편이에요.

우리 집은 학교에서 가까운 편이에요.

파베우 씨는 한국어를 잘하는 편이에요.

저는 아침에 일찍 일어나는 편이에요.

어휘와 표현
Słownictwo
i wyrażenia

긴장 napięcie, stres

긴장이 되다 stresować się, denerwować się, ulec stresowi, pogrążyć się w stresie

포기하다 zrezygnować, poddać się

적다 być nielicznym, być w małej liczbie

통 raz, sztuka (klasyfikator do liczenia np. rozmów telefonicznych, listów)

길거리 ulica

대 sztuka (klasyfikator do liczenia samochodów)

희다 być białym

덮이다 być pokrywanym (pokryć się)

덮다 okryć, pokryć

상대편 strona przeciwna

선수 zawodnik

차이다 być kopanym, odrzucanym

차다 kopać, kopnąć

잡히다 być łapanym

경찰 policja

놓이다 być kładzionym, puszczanym

잠그다 zamknąć (na klucz)

잠기다 być zamykanym (na klucz)

닫히다 być zamykanym (zamykać się)

읽히다 być czytanym

막히다 być blokowanym, zatykanym

걸다 wieszać

걸리다 być wieszanym

들리다 być słyszanym, słyszalnym

열리다 być otwieranym (otwierać się)

팔리다 być sprzedawanym (sprzedawać się)

(전화를, 연락을) 끊다 przerwać, przestać (telefonować, kontaktować się)

끊기다 być przerywanym, zaprzestawanym

안다 objąć

안기다 być obejmowanym, być w objęciach

쫓다 ścigać, gonić

쫓기다 być ściganym

벽 ściana

도로 droga

사고 wypadek

연습 I
Ćwiczenia I

1 〈보기〉와 같이 대화를 완성하세요. Dokończ dialogi według wzoru.

> **보기**
> A 또 잘 거예요?
> B 네. <u>아무리 자도</u> 졸려요.

(1) A 불고기가 그렇게 맛있어요?
B 네. _________________ 더 먹고 싶어요.

(2) A 창문을 또 닦아요?
B 네. _________________ 깨끗해지지 않아요.

(3) A 그 영화 또 봐요?
B 네. _________________ 또 보고 싶어요.

(4) A 아직도 버스를 기다려요?
B 네. _________________ 안 오네요.

2 〈보기〉와 같이 대화를 완성하세요. Dokończ dialogi według wzoru. .

> **보기**
> A 비빔밥 먹어 봤어요?
> B 아니요. <u>한 번도 안 먹어 봤어요.</u>

(1) A 막걸리 마셔 봤어요?
B 아니요. _________________________.

(2) A 프랑스에 가 봤어요?
B 아니요. _________________________.

(3) A 한복 입어 봤어요?
B 아니요. _________________________.

(4) A 지하철 타 봤어요?
B 아니요. _________________________.

3 〈보기〉와 같이 하세요. Podaj formy bierne od podanych tu czasowników.

> **보기**
> 보다 → <u>보이다</u>

(1) 닫다 → _________   (2) 놓다 → _________

(3) 팔다 → _________   (4) 듣다 → _________

(5) 잠그다 → __________   (6) 열다 → __________

(7) 쫓다 → __________   (8) 잡다 → __________

(9) 걸다 → __________   (10) 안다 → __________

(11) 차다 → __________   (12) 끓다 → __________

4 〈보기〉와 같이 알맞은 것에 O 하세요. Zaznacz prawidłową formę.

> **보기**   창문이 (닫혀/닫아) 있어요.

(1) 책을 책상 위에 (놓이세요/놓으세요).

(2) 도둑이 경찰한테 (잡혔어요/잡았어요).

(3) 벽에 그림을 (걸렸어요/걸었어요).

(4) 일이 끝나면 문을 (잠기고/잠그고) 가세요.

5 〈보기〉와 같이 대화를 완성하세요. Dokończ dialogi według wzoru.

> **보기**   A 폴란드어를 잘해요?
>   B 네, <u>잘하는 편이에요</u>.

(1) A 극장에 자주 가요?
    B 네, __________________.

(2) A 책을 많이 읽어요?
    B 네, __________________.

(3) A 한국 음식을 좋아해요?
    B 네, __________________.

(4) A 음악을 자주 들어요?
    B 네, __________________.

6 〈보기〉와 같이 대화를 완성하세요. Dokończ dialogi według wzoru.

> 보기
>
> A 오늘 날씨 어때?
> B 생각보다 <u>더운 편이야</u>. (덥다)

(1) A 그 사람 어때?

  B 생각보다 ___________________. (친절하다)

(2) A 기숙사 어때?

  B ___________________. (깨끗하다)

(3) A 그 영화 어때?

  B ___________________. (조금 지루하다)

(4) A 그 식당 음식 어때?

  B ___________________. (꽤 맛있다)

본문 II

track 41

최민우	미하우, 내일 저녁에 시간이 있어?
미하우	응. 그런데 왜?
최민우	내일이 준서 생일이거든. 그래서 친한 친구들하고 서울대입구역 근처에 있는 중국 식당에서 식사를 하려고 해. 미하우도 같이 가면 좋을 것 같아서.
미하우	초대해 줘서 고마워. 몇 시까지 갈까?
최민우	6시로 예약을 했어.
미하우	그럼 수업 끝나고 바로 갈게. 케이크는 내가 준비할게.
최민우	케이크는 다른 친구가 사 오기로 했어. 너는 그냥 와.
미하우	작은 선물이라도 사 가고 싶은데 뭐가 좋을까?
최민우	음. 준서가 음악을 좋아하니까 CD는 어떨까?
미하우	그럼 그걸로 준비할게.

친구들	생일 축하합니다. 생일 축하합니다. 사랑하는 박준서, 생일 축하합니다.
최민우	빨리 소원을 빌고 촛불을 꺼.
박준서	고마워. 후~
친구들	생일 축하해!
미하우	축하해, 준서야. 여기 선물 받아. 음악 CD야.
박준서	와! 쇼팽 CD구나.
미하우	쇼팽의 야상곡이야.
박준서	아, 그래? 고마워.
최민우	그런데 오늘 생일 선물도 받았는데 왜 우울해 보이니?
박준서	지난번 미팅에서 만난 여학생한테 차여서 그래. 나는 그 애가 정말 마음에 들었거든.
최민우	걱정하지 마. 넌 여자들한테 인기가 많잖아.

어휘와 표현
Słownictwo i wyrażenia

예약 rezerwacja

축하하다 składać życzenia, świętować, gratulować

소원 pragnienie, marzenia, życzenie

빌다 prosić, modlić się

소원을 빌다 pomyśleć (sobie jakieś) życzenie

촛불 płomień świecy

촛불을 끄다 zdmuchnąć świeczki

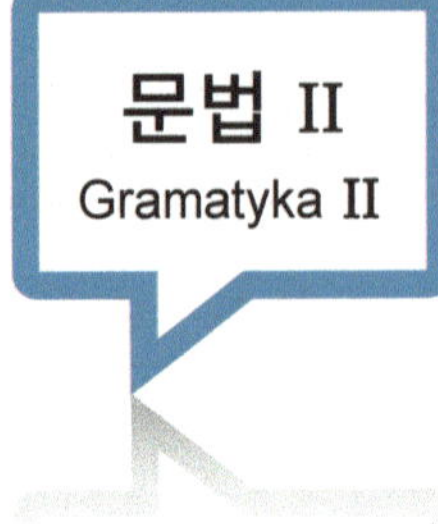

1 V/A-거든(요) 'z powodu V/A'

Finitywna konstrukcja 'V/A-거든(요)' 'z powodu V/A' komunikuje powód, przyczynę zdarzenia opisanego w poprzedzającej wypowiedzi. W formie poufałej 반말 'V/A-거든요' przyjmuje formę 'V/A-거든'.

부모님은 매우 건강하세요. 매일 배드민턴을 치시거든요.

오늘은 파티에 갈 수 없어요. 내일 시험을 봐야 하거든요.

우리 내일 만나요. 오늘은 너무 바쁘거든요.

2 N-(이)라도 'chociażby i N', 'przynajmniej N'

Końcówka '-(이)라도' dodawana jest do rzeczowników i tworzy konstrukcję 'N-(이)라도' 'chociażby i N', 'przynajmniej N'. Konstrukcja ta komunikuje sytuację, w której N zostało/zostanie wybrane spośród wielu możliwości pomimo, że N nie jest najlepszym wyjściem.

주말에 등산이라도 갑시다.

밥이 없으면, 라면이라도 먹을게요.

일요일에 쇼핑이라도 같이 할까요?

이런 일은 어린 아이라도 다 할 수 있어요.

작은 선물이라도 사 가고 싶은데요.

3 V/A-잖아(요) 'przecież V/A'

Konstrukcja finitywna 'V/A-잖아(요)' 'przecież V/A' komunikuje sytuację, w której nadawca chce potwierdzić działanie, czynność V lub stan A, a równocześnie nadawca jest przekonany o prawdziwości swojej wypowiedzi.

내 말이 맞죠? 영준 씨 동생 예쁘잖아요.

오늘 공부해야 돼요. 내일 시험 보잖아요.

가져갈 짐은 많은데, 가방이 너무 작잖아.

버스를 타면 서울의 모습을 더 많이 볼 수 있잖아요.

◎ Konstrukcja 'V/A-았/었잖아(요)' jest używana, gdy nadawca chce potwierdzić czynność lub stan, który miał miejsce w przeszłości.

어렸을 때는 키가 컸잖아요.

어제 약속했잖아.

너 때문에 그림이 엉망이 됐잖아.

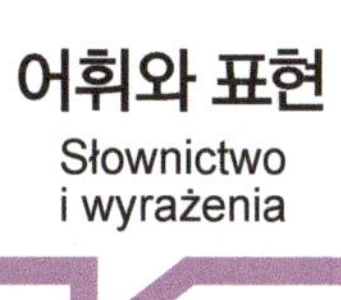

어휘와 표현
Słownictwo
i wyrażenia

어리다 być dzieckiem, w dziecięcym wieku, być młodym, niedorosłym, niedojrzałym

약속하다 obiecywać

엉망 bałagan, nieporządek

엉망이 되다 popsuć się, zniszczyć się, ulec zniekształceniu, zniszczeniu

1 〈보기〉와 같이 'V/A-거든(요)'를 써서 이어질 문장을 만드세요.
Utwórz zdania używając konstrukcji 'V/A-거든(요)'.

> 보기   오늘은 학교에 안 가요. <u>수업이 없거든요</u>.

(1) 지금 청소해야 돼요. _________________________.

(2) 저는 내일 산에 안 갈래요. _________________________.

(3) 버스 타지 말고 지하철을 타세요. _________________________.

(4) 오늘은 저녁을 안 먹고 싶어요. _________________________.

2 〈보기〉와 같이 대화를 완성하세요. Dokończ dialogi według wzoru.

> 보기   A 오렌지 주스 주세요.
> B 죄송합니다. <u>사과 주스밖에 없는데요</u>. (사과 주스)
> A <u>그럼 사과 주스라도 주세요</u>.

(1) A 생맥주 주세요.

　　B 죄송합니다. _________________________. (병맥주)

　　A _________________________.

(2) A 비빔냉면 주세요.

　　B 죄송합니다. _________________________. (물냉면)

　　A _________________________.

(3) A 녹차 있어요?

　　B 죄송합니다. _________________________. (홍차)

　　A _________________________.

(4) A 이 모자, 파란색 있어요?

　　B 죄송합니다. _________________________. (하얀색)

　　A _________________________.

3 〈보기〉와 같이 대화를 완성하세요. Dokończ dialogi według wzoru.

보기   A 왜 우산을 가져가니?
      B <u>비가 오잖아</u>. (비, 오다)

(1) A 왜 서울식당에만 가니?
    B _____________________. (종업원, 친절하다)

(2) A 에밀리아는 불고기를 안 먹네.
    B _____________________. (고기, 싫어하다)

(3) A 요즘 진수가 안 보이네.
    B _____________________. (한국, 갔다)

(4) A 왜 요안나가 결석했는지 아니?
    B _____________________. (감기, 걸렸다)

어휘와 표현
Słownictwo i wyrażenia

청소하다 sprzątać
생맥주 piwo beczkowe
병맥주 piwo butelkowe
비빔냉면 *bibim-naengmyeon* (makaron z warzywami i mięsem)
물냉면 *mul-naengmyeon* (makaron na zimno w zupie)

연습 Ⅲ
Ćwiczenia Ⅲ

track 42

잘 듣고 질문에 답하세요. Wysłuchaj dialogu i odpowiedz na pytania.

(1) 여기는 어디입니까? ___________________

(2) 지금 주문할 수 있는 커피를 모두 고르세요.
Zaznacz rodzaj kawy, który klienci teraz mogliby zamówić.

① 카페라테
② 카푸치노
③ 아메리카노
④ 에스프레소

잘 듣고 질문에 답하세요. Wysłuchaj dialogu i odpowiedz na pytania.

(1) 민수는 보고서를 언제까지 내야 합니까?
Do kiedy Minsu ma oddać pracę?

① 이번 주 수요일　② 이번 주말　③ 다음 주 수요일

(2) 민수는 왜 스키장에 갔다 왔습니까?
Dlaczego Minsu pojechał na narty?

① 스키를 좋아해서
② 친구들이 가자고 해서
③ 스키장에서 모임이 있어서

3 다음 그림을 보고 'V-이/히/리/기-'와 'V-아/어 있다', 'V-고 있다' 등을 이용해서 묘사하는 글을 써 보세요. Opisz sytuację na rysunku, używając biernych form czasownika oraz konstrukcji 'V-아/어 있다' i 'V-고 있다'.

어휘와 표현
Słownictwo
i wyrażenia

스키장 ośrodek narciarski
방금 przed chwilą

15과

지금이라도 선물을 보낼까 해

- 우체국 (poczta)
- 친구 사진 (zdjęcie kolegi, koleżanki)
- 스터디 (koło naukowe)

본문 Ⅰ

미하우 　민우야, 이 근처에 우체국이 있어?

최민우 　학생회관 앞에 있어. 왜?

미하우 　폴란드로 소포를 보내려고.

최민우 　집에 보내는 거야?

미하우 　아니. 내 친구 에밀리아가 지난달에 졸업을 했어.
　　　　그런데 내가 너무 바빠서 선물을 못 보냈어.
　　　　그래서 늦었지만 지금이라도 선물을 보낼까 해.

최민우 　무슨 선물을 보낼 거야?

미하우 　서울대학교 로고가 찍힌 후드티를 보내려고.
　　　　지난번에 준서랑 학생회관에 갔을 때 기념품 가게에서 샀어.

최민우 　그래? 디자인이 어때?

미하우 　디자인은 평범한데 색깔이 정말 마음에 들어.
　　　　회색 티에 파란색 로고가 잘 어울려.

최민우 　그래?

미하우 　응. 한 벌만 샀는데 더 살걸 그랬어.
　　　　다른 폴란드 친구들도 좋아할 거 같아.

최민우 　후드티를 받으면 그 친구가 정말 좋아하겠다.
　　　　어서 다녀와.

어휘와 표현
Słownictwo i wyrażenia

졸업 ukończenie szkoły lub studiów

찍히다 być nadrukowanym, odbitym

후드티 bluzka z kapturem

지난번 miniony raz, zeszły raz

디자인 fason, projekt (odzieży)

평범하다 być zwykłym, zwyczajnym

회색 szarość, szary kolor

티 T-shirt

벌 sztuka (klasyfikator do liczenia strojów, odzieży)

다녀오다 pójść (i wrócić)

직　원　어서 오세요.

미하우　안녕하세요?
소포를 좀 부치고 싶은데요.

직　원　어디로 보내실 거예요?

미하우　폴란드요.

직　원　저울 위에 소포를 올려놓으세요.

미하우　비행기로 부치면 요금이 어떻게 돼요?

직　원　만 이천 원이에요. 안에 뭐가 들었어요?

미하우　옷하고 카드가 들었어요.
폴란드까지 얼마나 걸려요?

직　원　일주일 정도 걸려요.
여기에 받는 사람하고 보내는 사람의 주소랑 연락처를
써 주세요.

미하우　제 연락처도 써야 돼요?

직　원　네. 연락처가 있으면 문제가 생겼을 때 연락을 드릴 수
있습니다.

미하우　네. 알겠습니다.
다 썼어요. 여기 이만 원입니다.

직　원　네. 이만 원 받았습니다.
영수증하고 거스름돈 팔천 원 받으세요.

미하우　감사합니다.

어휘와 표현
Słownictwo
i wyrażenia

저울 waga

올려놓다 położyć (na coś)

요금이 어떻게 돼요? ile TO kosztuje?

정도 około, mniej więcej, rzędu

생기다 powstać

영수증 rachunek, paragon

거스름돈 reszta (pieniędzy)

문법 I
Gramatyka I

1 V-(으)ㄹ까 하다 'waham się, czy zrobić V', 'zastanawiam się, czy by nie zrobić V'

Konstrukcja 'V-(으)ㄹ까 하다' 'waham się, czy zrobić V', 'zastanawiam się, czy by nie V' komunikuje sytuację niepewności nadawcy co do tego, jak ma postąpić. Nadawca planuje wprawdzie zrobić V, ale nie jest jeszcze tego pewien, waha się, nie może się zdecydować.

이번 일요일에는 영화를 보러 갈까 합니다.

방학이 되면 여행을 할까 해요.

오늘은 집에서 혼자 음악을 들을까 합니다.

저녁에는 불고기를 먹을까 하는데요.

2 V/A-았을/었을 때 'w czasie, gdy (było) V/A', 'kiedy (było) V/A', 'gdy (było) V/A'

Konstrukcja 'V/A-았을/었을 때' 'w czasie, gdy (było) V/A', 'kiedy (było) V/A', 'gdy (było) V/A' składa się z czasownika lub przymiotnika z końcówką '-았을/었을' oraz rzeczownika 때 'czas' i komunikuje moment w przeszłości, kiedy miała miejsce czynność V lub stan A.

바르샤바를 방문했을 때 문화과학궁전에 가 봤어요.

저를 처음 봤을 때 어느 나라 사람이라고 생각했어요?

영준 씨랑 인사동에 갔을 때 기념품 가게에서 샀어요.

민우가 아팠을 때 그 병원에 갔어요.

우리는 젊었을 때 함께 여행을 많이 했어요.

3 V-(으)ㄹ걸 (그랬다) 'żałuję, że nie zrobiłem V', 'szkoda, że nie zrobiłem V'

Konstrukcja 'V-(으)ㄹ걸 (그랬다)' komunikuje sytuację, w której nadawca wyraża żal, że nie zrobił V. Konstrukcję tę można tłumaczyć jako 'żałuję, że nie zrobiłem V', 'szkoda, że nie zrobiłem V', 'powinienem był zrobić V (a nie zrobiłem)'.

어제 숙제를 다 할걸 그랬어. 그러면 오늘 놀 수 있을 텐데……

주유소가 있을 때 차에 기름을 넣을걸 그랬어요.

오늘이 휴일인 줄 알았으면 더 잘걸.

여행 갔을 때 사진을 많이 찍을걸.

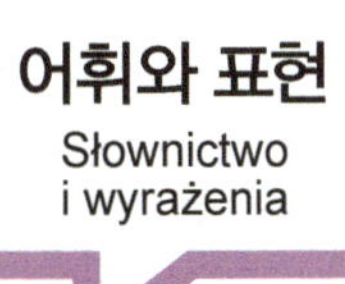

어휘와 표현
Słownictwo
i wyrażenia

주유소 stacja benzynowa (paliwowa)

기름 paliwo

연습 I
Ćwiczenia I

1 〈보기〉와 같이 대화를 완성하세요. Dokończ dialogi według wzoru.

> **보기**
> A 미하우 씨 생일에 뭐 선물할 거야?
> B <u>모자를 선물할까 해</u>. (모자)

(1) A 뭐 만들 거야?
　　B ＿＿＿＿＿＿＿＿＿＿＿＿＿＿＿＿. (케이크)

(2) A 오늘 어디에 갈 거야?
　　B ＿＿＿＿＿＿＿＿＿＿＿＿＿＿＿＿. (백화점)

(3) A 주말에 뭐 할 거야?
　　B ＿＿＿＿＿＿＿＿＿＿＿＿＿＿＿＿. (여행)

(4) A 무슨 책 읽을 거야?
　　B ＿＿＿＿＿＿＿＿＿＿＿＿＿＿＿＿. (소설책)

2 〈보기〉와 같이 대화를 완성하세요. Dokończ dialogi według wzoru.

> **보기**
> A 비빔밥 먹어 봤니?
> B 응, <u>한국에 처음 갔을 때 먹어 봤어</u>. (한국, 처음 가다)

(1) A 피에로기 만들어 봤니?
　　B 응, ＿＿＿＿＿＿＿＿＿＿＿＿＿＿＿. (어리다)

(2) A 스티커 사진 찍어 봤니?
　　B 응, ＿＿＿＿＿＿＿＿＿＿＿＿＿＿＿. (놀이공원, 가다)

(3) A 막걸리 마셔 봤니?
　　B 응, ＿＿＿＿＿＿＿＿＿＿＿＿＿＿＿. (한국, 방문하다)

(4) A 크라쿠프에 가 봤니?
　　B 응, ＿＿＿＿＿＿＿＿＿＿＿＿＿＿＿. (부모님, 오시다)

3 〈보기〉와 같이 대화를 완성하세요. Dokończ dialogi według wzoru.

보기
A 비 맞았지?
B 응. <u>우산을 가져갈걸 그랬어</u>. (우산, 가져가다)

(1) A 시험 잘 못 봤지?
    B 응. ____________________. (공부, 열심히 하다)

(2) A 요즘 돈이 많이 모자라지?
    B 응. ____________________. (아르바이트하다)

(3) A 식당에 자리가 없지?
    B 응. ____________________. (예약하다)

(4) A 감기가 더 심해졌지?
    B 응. ____________________. (병원, 가다)

어휘와 표현

Słownictwo
i wyrażenia

놀이공원 lunapark, wesołe miasteczko

맞다 zostać uderzonym, pobitym

비를 맞다 być zmoczonym przez deszcz

본문 II

track 44

최민우 미하우, 소포 잘 부쳤니?
미하우 그럼. 나 한국말 잘하잖아.
최민우 그런데 에밀리아가 네 여자 친구야?
미하우 여자 친구라니?
　　　 우린 그냥 학교 친구야.
최민우 진짜?
미하우 진짜야.
　　　 에밀리아 사진 보여 줄까?
최민우 그래. 보여 줘.
미하우 이 사진은 학교 축제 때 친구들이랑 찍은 거야.
최민우 누가 에밀리아야?
미하우 제일 뒷줄에 있어.
　　　 여기 모자 쓰고 있는 여학생이야. 모델처럼 보이지?
최민우 응. 정말 예쁜데.
미하우 친구들 사이에서 인기가 좋아.
최민우 성격도 좋은가 보네.
미하우 응. 성격도 좋고 공부도 잘해.
최민우 말하는 걸 보니까 너 진짜 에밀리아 좋아하는 것 같은데.
미하우 좋아하다니?
　　　 우린 그냥 좋은 친구야.

어휘와 표현

Słownictwo
i wyrażenia

축제 festyn, święto
학교 축제 juwenalia
뒷줄 ostatni rząd

김아름　미하우 씨, 이 수업 어렵지 않아요?

미하우　네. 재미있지만 좀 어려워서 걱정이에요.

김아름　우리 같이 스터디 할까요?

미하우　스터디가 뭐예요?

김아름　여러 사람이 모여서 같이 얘기하면서 공부하는 모임이에요.

미하우　그런 게 있어요? 저도 해 보고 싶어요.

김아름　그럼 이 수업을 듣는 친구들을 좀 모아서 스터디를 해 봅시다.

미하우　그래요. 그런데 어디에서 스터디를 해요?

김아름　커피숍에서 해도 되고 도서관에서 할 수도 있어요.

미하우　도서관에서요?

김아름　네. 스터디를 할 수 있는 작은 방을 빌릴 수 있거든요.

미하우　책을 더 사야 될까요?

김아름　책을 사는 대신 도서관에서 빌리면 돼요.

미하우　그렇군요.
　　　　그런데 언제부터 시작해요?

김아름　친구들을 모으는 시간이 좀 필요하니까 다음 주부터 시작
　　　　합시다.

미하우　그래요. 2주 후면 중간시험인데 스터디를 좀 더 일찍 시작
　　　　할 걸 그랬어요.

김아름　아직 늦지 않았어요. 열심히 하면 돼요.

어휘와 표현

Słownictwo
i wyrażenia

얘기하다 rozmawiać, opowiadać

1 V/A-다니(요)?, N-(이)라니(요)?

Finitywna konstrukcja 'V/A-다니(요)?, N-(이)라니(요)?' używana jest przez nadawcę do podważenia sądu zawartego w wypowiedzi rozmówcy, zaprzeczenia jego opinii bądź do odparcia jakichś zarzutów.

A 너 어제 영화 보러 갔지?

B 영화 보러 가다니? 하루 종일 집에 있었어.

A 내일 눈이 올 거라고 해.

B 눈이 오다니? 말도 안 돼. 지금은 오월이야.

A 한국어는 아주 어려워요.

B 한국어가 어렵다니요? 그렇게 어렵지 않아요. 재미있어요.

A 옷이 다 비싸네요.

B 비싸다니요? 우리 가게가 제일 싸요.

A 에밀리아는 초등학생이니?

B 초등학생이라니? 대학생이야.

A 오늘 쇼핑하러 갈 거니?

B 쇼핑이라니요? 지금 학교에 가야 해요.

2 V-고 있다

'V-고 있다' to konstrukcja komunikująca trwanie rezultatu czynności V i używana jest z czasownikami przechodnimi oraz nieprzechodnimi.

민우는 지금 파란색 바지를 입고 있다.

파베우는 벌써 그 사실을 알고 있다.

피곤하면 잠시 동안 눈을 감고 있어요.

표트르는 그 시를 아직 외우고 있다.

3 V-는 대신(에) 'zamiast V'

Konstrukcja 'V-는 대신(에)' 'zamiast V' komunikuje sytuację, w której zamiast czynności V wykonana jest/będzie/była inna czynność, jakieś działanie jest zastąpione przez V.

이번 토요일에는 영화관에 가는 대신 집에서 DVD로 영화를 보자.

부모님께 전화를 하는 대신에 이메일을 보냈다.

한국 식당에 가는 대신 직접 한국 음식을 만들어서 먹었다.

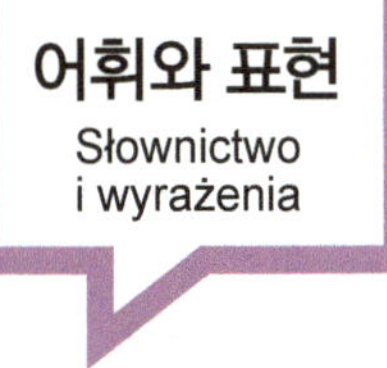

어휘와 표현
Słownictwo
i wyrażenia

사실 fakt, zdarzenie, okoliczność, rzeczywistość

(눈을) 감다 zamknąć (oczy)

시 wiersz

외우다 uczyć się na pamięć

연습 II
Ćwiczenia II

1 〈보기〉와 같이 대화를 완성하세요. Dokończ dialogi według wzoru.

> **보기**
> A 내일 약속이 세 시라고 했지?
> B 세 시라니? 두 시야.

(1) A 민우 씨 전공이 수학이라고 했지?
  B ＿＿＿＿＿＿＿＿＿＿? 경영학이야.

(2) A 저 사람이 소피 남자 친구라고 했지?
  B ＿＿＿＿＿＿＿＿＿＿? 동생이야.

(3) A 수잔나 씨가 독일 사람이라고 했지?
  B ＿＿＿＿＿＿＿＿＿＿? 스페인 사람이야.

(4) A 준석 씨 생일이 오늘이라고 했지?
  B ＿＿＿＿＿＿＿＿＿＿? 내일이야.

2 〈보기〉와 같이 대화를 완성하세요. Dokończ dialogi według wzoru.

> **보기**
> A 저 영화가 재미있다고 들었어요.
> B 저 영화가 재미있다니요? 저도 봤는데 정말 재미없어요.

(1) A 소피 씨랑 민우 씨가 사귀지요?
  B 소피 씨랑 민우 씨가 ＿＿＿＿＿＿? 두 사람은 그냥 친구예요.

(2) A 돈이 없어요.
  B 돈이 ＿＿＿＿＿? 방학 때 아르바이트했잖아요.

(3) A 오늘 별로 안 덥네요.
  B 오늘 ＿＿＿＿＿? 지금 기온이 30도예요.

(4) A 여기에서 광화문까지 가깝지요?
  B 여기에서 광화문까지 ＿＿＿＿＿? 버스로 1시간 이상 걸릴 거예요.

3 〈보기〉와 같이 대화를 완성하세요. Dokończ dialogi według wzoru.

> **보기**
> A 누가 나영 씨예요?
> B 모자를 쓰고 있는 사람이에요. (모자, 쓰다)

(1) A 누가 미하우 씨예요?

B ________________________ 사람이에요. (파란색 티셔츠, 입다)

(2) A 누가 준석 씨예요?

B ________________________ 사람이에요. (안경, 쓰다)

(3) A 누가 요안나 씨예요?

B ________________________ 사람이에요. (분홍색 스카프, 하다)

(4) A 누가 에밀리아 씨예요?

B ________________________ 사람이에요. (하얀색 구두, 신다)

4 〈보기〉와 같이 대화를 완성하세요. Dokończ dialogi według wzoru.

보기

A 소고기를 넣어야 돼요?

B 소고기를 넣는 대신 돼지고기를 넣어도 돼요. (돼지고기, 넣다)

(1) A 시험을 봐야 돼요?

B ________________________________. (보고서, 내다)

(2) A 도장을 찍어야 돼요?

B ________________________________. (서명, 하다)

(3) A 전화해야 돼요?

B ________________________________. (이메일, 보내다)

(4) A 볼펜으로 써야 돼요?

B ________________________________. (연필, 쓰다)

어휘와 표현

Słownictwo
i wyrażenia

기온 temperatura (powietrza)

도 stopień (jednostka miary, np. temperatury)

분홍색 róż, różowy kolor

스카프 szal, szalik

볼펜 długopis

연습 Ⅲ
Ćwiczenia Ⅲ

track 45

1 잘 듣고 질문에 답하세요. Wysłuchaj dialogu i odpowiedz na pytania.

(1) 여기는 어디입니까? _______________

(2) 남자는 무엇을 제출했습니까?
Jakie dokumenty przedstawił mężczyzna?

① 여권　　② 외국인등록증　　③ 주민등록증　　④ 사진

2 잘 듣고 질문에 답하세요. Wysłuchaj dialogu i odpowiedz na pytania.

(1) 내용과 같으면 O, 다르면 X 하세요.
Zdania zgodne z treścią dialogu oznacz symbolem „O", zdania niezgodne z dialogiem - symbolem „X".

① 민수는 미하우 생일이 다음 주라고 생각했다. (　　)
② 미하우 생일 파티에 사람들이 많이 오지 않았다. (　　)
③ 민수는 윤지 대신 케이크를 사 갈 것이다. (　　)

(2) 민수의 마지막 말에 대한 윤지의 대답으로 적절한 것을 고르세요.
Zaznacz wyrażenie, którego Yunji użyłaby w reakcji na ostatnią wypowiedź Minsu.

① 아, 맞다.
② 그렇구나.
③ 알았어.

3 친구들과 옛날 일에 대해서 이야기해 봅시다. 기뻤던 적은 언제입니까? 언제 가장 슬펐습니까? Kiedy w przeszłości było nam wesoło, a kiedy smutno? – ułóż zdania na ten temat zgodnie z poniższym wzorem.

> 어렸을 때 고양이를 키웠어요. <u>고양이가 죽었을 때</u> 슬펐어요.

언제	기분
고양이가 죽었을 때	슬펐어요.
	기뻤어요.
	무서웠어요.
	힘들었어요.
	외로웠어요.

어휘와 표현
Słownictwo
i wyrażenia

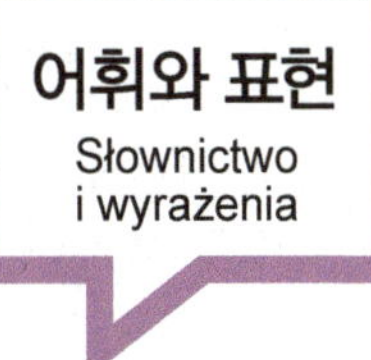

서명하다 podpisać

주민등록증 koreański odpowiednik polskiego dowodu osobistego

잊어버리다 zapomnieć

키우다 hodować, trzymać w domu (o zwierzętach)

죽다 umrzeć, umierać

- **듣기 원고** Treść słuchanek
- **모범 답안** Odpowiedzi
- **단어 목록** Lista słówek

듣기 원고
Treść słuchanek

1과

1

수 미 미하우 씨, 나영 씨 생일이 다음 주 목요일이지요?

미하우 아니요, 다음 주가 아니고 이번 주예요.

수 미 그래요? 미하우 씨도 나영 씨 생일 파티에 갈 거지요? 선물 준비했어요?

미하우 네. 저는 CD를 선물할 거예요. 수미 씨는 뭘 살 거예요?

수 미 저는 꽃을 사 갈 거예요.

2

A 실례합니다. 옷 가게가 몇 층에 있는지 아세요?

B 3층에 있어요.

A 3층에서 구두도 팔아요?

B 아니요. 구두는 2층에서 팔아요.

A 이 건물에 식당도 있어요?

B 네. 식당은 1층에 있어요.

2과

1

진수 여보세요.

에밀리아 진수 씨, 저 에밀리아예요. 지금 뭐 하고 있어요?

진수 떡국을 끓이고 있어요.

에밀리아 떡국요? 그게 뭐예요?

진수 한국 사람들이 설날에 먹는 음식이에요.

에밀리아 아, 오늘이 한국에선 설날이지요?

진수 네. 한국에는 못 갔지만 설날 음식을 먹고 싶어서 떡국을 끓이고 있어요.

에밀리아 진수 씨가 괜찮으면 제가 미하우 씨하고 같이 진수 씨 기숙사에 갈게요.

진수 다음 주 시험 때문에 바쁘지 않아요?

에밀리아 괜찮아요. 미하우 씨하고 폴란드 음식을 만들어 갈게요.

진수 좋아요. 빨리 오세요.

2

요안나 여보세요.

준 수 요안나 씨, 저 준수예요. 어제 생일 파티에 못 가서 미안해요.

요안나 어제 왜 전화를 안 받았어요?

준 수 미하우 씨가 갑자기 아파서 같이 병원에 갔다 왔어요.

요안나 계속 전화했는데 준수 씨가 안 받아서 걱정했어요.

준 수 병원에서 미하우 씨하고 저녁 때까지 같이 있었어요. 너무 피곤해서 집에 와서 밥도 못 먹고 일찍 잤어요.

요안나 미하우 씨는 이제 괜찮아요?

준 수 네, 많이 좋아졌어요.

3과

1

A 어떻게 오셨어요?

B 이 소포를 한국으로 부치려고 해요.

A 네. 내용물이 뭐예요?

B 책하고 목걸이예요. 요금이 얼마예요?

A 음…… 육십 즈워티예요.

B 언제쯤 도착할까요?

A 이 주일쯤 걸릴 거예요.

2

에밀리아 영준 씨, 강의실에 없어서 한참 찾았어요. 어디에 있었어요?

영준 우체국에서 소포를 부치고 있었어요. 한국에 있는 여동생한테 선물을 보냈어요.

에밀리아 영준 씨는 참 좋은 오빠네요. 동생이 선물 받고 좋아하겠어요.

영준 네, 그럴 것 같아요. 참, 에밀리아 씨, 배고프지 않아요?

에밀리아 네, 배가 너무 고파요. 지금 식당으로 갈까요?

영준 그래요. 빨리 갑시다.

4과

1

(1) 어떻게 오셨어요?

(2) 여기에서 사진 찍어도 돼요?

(3) 내일까지 숙제를 꼭 내세요.

2

A 뭘 도와 드릴까요?

B 비행기 표를 예매하려고 하는데요.

A 어디로 가실 거예요?

B 제주도요.

A 언제 출발하실 거예요?

B 4월 5일에 표가 있을까요?

A 4월 5일에는 없고 4월 6일에 있네요.

B 그럼 4월 6일 표로 예약할게요.
오전 비행기가 있어요?

A 네. 오전 10시 50분에 출발하는 비행기가
있어요.

B 더 일찍 출발하는 비행기는 없어요?

A 9시 10분 비행기가 있어요.

B 그럼 9시 10분 비행기를 예약해 주세요.
요금은 얼마예요?

A 8만원입니다.

5과

1

(1) 자리에서 일어나면 안 돼요. 다른 사람들이
영화를 못 봐요.

(2) 여기에서 전화하면 안 돼요. 사람들이 책을
읽고 있어요.

(3) 여기에서 사진을 찍으면 안 돼요. 조용히
그림만 보세요.

2

A 안녕하세요? '오늘의 요리' 시간입니다.
선생님, 오늘은 무슨 음식을 만드실 거예요?

B 네, 오늘은 한국 사람들도, 외국 사람들도
모두 좋아하는 김밥을 만들려고 해요.
나영 씨도 김밥 좋아하지요?

A 그럼요. 제가 제일 좋아하는 음식이에요.
그럼 무엇을 준비해야 할까요?

B 먼저 쌀을 깨끗하게 씻어서 밥을 합니다.
그리고 당근, 시금치, 단무지, 계란, 소고기
를 준비합니다.

A 아이들은 보통 시금치를 싫어하는데 꼭 넣
어야 돼요?

B 그럼 시금치 대신 오이를 넣어도 돼요.

6과

1

(1) 책을 빌리려면 어디로 가야 해요?

(2) 우체국은 어디에 있어요?

(3) 오늘 저녁에 뭐 할 거예요?

2

A 실례합니다. 서울역에 가려면 몇 번 버스
를 타야 돼요?

B 421번 버스를 타세요.

A 여기서 타면 돼요?

B 아뇨. 여기엔 421번이 안 서요. 앞으로 쭉
걸어가면 오른쪽에 빵집이 있어요. 빵집
앞에 있는 정류장에서 버스를 타세요.

A 네, 감사합니다.

7과

1

A 폴란드에 팩스를 보내려면 어떻게 해야
돼요?

B 거기 팩스 있죠? 먼저 보낼 종이를 넣으
세요.

A 종이를 넣고 나서 '시작' 버튼을 누르면 돼
요?

B 아니요. 팩스 번호를 누르고 나서 '시작'
버튼을 누르세요. 쉽지요?

A 네, 쉽네요. 감사합니다.

2

A 다음은 표트르 씨가 자기소개를 하겠습니다.
표트르 씨, 나오세요.

B 안녕하세요? 저는 표트르라고 합니다. 폴란
드에서 왔습니다.
저는 여행을 아주 좋아합니다. 일본, 미국에
가 봤고 유럽의 여러 나라도 여행해 봤습니
다. 저는 사진 찍는 것도 아주 좋아합니다.
사진 대회에서 상을 탄 적도 있습니다. 또
저는 음악을 좋아합니다. 듣는 것도 좋아하
고 연주하는 것도 좋아합니다. 대학교 때 친
구들하고 클럽에서 연주한 적도 있습니다.

C 중국에도 가 본 적이 있습니까?

B 아, 중국요? 중국에는 아직 못 가 봤는데 꼭
가 보고 싶습니다.

8과

1

(1) 오늘이 어제보다 덜 추워요.

(2) 수학이 과학보다 덜 어려워요.

(3) 된장찌개가 김치찌개보다 덜 짜요.

2

준석 소피 씨, 오랜만이에요.

소피 아, 준석 씨, 안녕하세요?

준석 좀 피곤해 보이는데 무슨 일 있어요?

소피 숙제 때문에 잠을 못 잤어요.

준석 숙제가 그렇게 많아요?

소피 많지는 않은데 제가 아직 한국말을 잘 못하니까 좀 어려워요.
특히 쓰기하고 읽기가 어려워요.

준석 제가 도와줄까요?

소피 아뇨, 괜찮아요. 같이 대학원에서 공부하는 친구가 도와주기로 했어요. 내일까지 내면 되니까 아직 시간이 있어요. 고마워요.

9과

1

영 수 미하우, 요즘 왜 이렇게 바빠?

미하우 다음 주에 이사하기로 했어.

영 수 어디로 이사 가니?

미하우 지하철역 근처로 갈 거야.

영 수 집이 커?

미하우 좀 작아. 하지만 방이 두 개고 나하고 친구만 사니까 괜찮을 거 같아.

영 수 이사하는 날이 언제야?

미하우 다음 주 수요일이야.

영 수 내가 도와줄게. 그리고 다른 친구들도 불러올게.

미하우 고마워. 걱정했는데 다행이야.

2

영 수 준서야, 오늘 바빠?

준 서 아니. 왜?

영 수 미하우가 오늘 이사하는데 같이 도와주러 갈래?

준 서 그래, 좋아. 몇 시까지 가면 돼?

영 수 두 시까지 기숙사로 가면 될 것 같아.

준 서 알겠어.

* * *

미하우 도와줘서 고마워. 같이 식당에 가서 밥 먹자.

준 서 그러지 말고 여기서 중국 음식 시켜서 먹자.

영 수 미하우, 중국집 전화번호 알아?

미하우 응, 알아. 내가 주문할게. 뭐 먹을래?

준 서 난 짜장면.

영 수 난 짬뽕.

미하우 짜장면 둘, 짬뽕 하나, 그리고 탕수육 하나, 만두 하나, 이렇게 시킬게.

영 수 좀 많은 것 같은데?

미하우 아니. 난 지금 너무 배고파서 다 먹을 수 있을 것 같아. 괜찮지?

10과

1 (1) 소피 씨, 저 준서예요. 수업이 늦게 끝나서 좀 늦을 것 같아요. 지금 갈 테니까 기다려 주세요.

(2) 저 미하우예요. 지금 가고 있는데 길이 너무 막혀요. 10분쯤 늦을 것 같아요. 정말 미안해요.

(3) 소피 씨, 저 수미예요. 전화를 안 받아서 메시지 남겨요. 늦잠을 자서 조금 전에 일어났어요. 30분 후에 도착할 거예요. 미안해요.

2

A 10분 후에 영화가 시작하는데 미하우가 왜 안 오지?

B 어, 너 못 들었어? 오늘 미하우 부모님이 오셔서 못 온다고 했는데.

A 난 못 들었어. 왜 나한테 얘기 안 했어?

B 난 네가 소피를 기다린다고 생각했어. 그리고 미하우가 너한테도 전화할 거라고 했어.

A 소피는 보고서 때문에 못 온다고 했어.

B 그럼 우리 둘만 보네. 빨리 표 사서 들어가자.

A 그래.

11과

1 (1) A: 금요일 모임에는 왜 안 왔니?
B: 감기에 걸려서 계속 누워 있었어.

(2) A: 왜 요즘 전화 안 했니?
B: 아르바이트 하느라고 바빴어.

(3) A: 아직 점심 못 먹었어?
B: 응, 보고서를 쓰느라고 못 먹었어. 이따가 먹을래.

2 (1) A: 어떻게 오셨어요?
　　　B: 콧물이 나고 기침을 해요.
　　　A: 자, '아' 해 보세요. 음, 감기에 걸렸네요. 말을 많이 하지 말고 집에서 쉬세요.

　　(2) A: 오늘은 어떠세요? 좀 괜찮아진 것 같아요?
　　　B: 아직도 머리가 많이 아파요.
　　　A: 아직 열이 많네요. 약을 좀 더 드시고 수요일에 한 번 더 오세요.

　　(3) A: 머리는 안 아프세요?
　　　B: 네, 머리는 괜찮은데 목이 많이 아파요.
　　　A: 기침을 많이 하지요? 커피나 차보다는 물을 많이 드세요.

12과

1

A 미하우 씨, 어디 가요?
B 산에 가려고요.
A 어, 일기예보에서 오늘 비가 온다고 했어요.
B 네? 지금 날씨가 이렇게 좋은데 비가 올까요?
A 오후부터 온다고 했어요.
B 그럼 빨리 갔다 올게요. 산에서 내려올 때까지 날씨가 좋아야 할 텐데……

2

A 이번 주 토요일이 엄마 생신인데, 선물 샀니?
B 아니. 아직 준비 안 했는데. 누나는?
A 나도 아직 안 샀어.
B 그럼 우리 돈 모아서 같이 살까?
A 그래, 좋은 생각이다. 그런데 뭘 살까?
B 엄마 구두가 많이 낡았는데 새 구두 사 드릴까?
A 좋아. 이따가 같이 가서 고르자.

13과

1

선생님께

　선생님, 안녕하세요? 한국에 온 지 벌써 3개월이 되었어요. 처음에는 힘들어서 폴란드로 돌아가고 싶었어요. 하지만 지금은 많이 익숙해졌어요. 한국말도 늘고 친구들도 많이 사귀었어요. 지하철도 처음에는 너무 복잡하다고 생각했는데 타 보니까 편리하고 좋아요. 아직 매운 음식을 잘 못 먹어서 힘들지만 그것도 곧 익숙해질 거예요.

　요즘은 가을이라서 날씨도 좋고 경치도 아름다워요. 선생님, 한국에 언제 오세요? 선생님께서 오시면 같이 여행을 하고 싶어요. 한국의 이곳저곳을 같이 여행하면 참 재미있을 것 같아요.

　그럼 안녕히 계세요. 또 편지 드릴게요.

2011년 10월 15일
미하우 올림

2 아르바이트를 찾고 계십니까? 좋은 아르바이트를 찾을 수 있을지 걱정이세요? 그럼 '아르바이트 찾기'가 도와 드립니다. 저희 홈페이지에 이름, 나이, 성별, 그리고 하고 싶은 일을 적어 주세요. 그럼 '아르바이트 찾기'가 당신에게 꼭 맞는 아르바이트를 소개해 드릴 겁니다. 걱정하지 마시고 지금 바로 홈페이지를 방문해 주세요.

14과

1

A 어서 오세요. 뭐 드릴까요?
B 카페라테 두 잔 주세요.
A 죄송합니다. 지금 카페라테는 안 되는데요.
C 그럼 카푸치노는 돼요?
A 우유가 들어가는 커피는 다 안 돼요. 아메리카노하고 에스프레소밖에 안 돼요. 아직 우유가 안 왔거든요.
B 아메리카노 괜찮아?
C 응, 좋아.
B 그럼 아메리카노 두 잔 주세요.

2

A 민수야, 주말에 놀러 갔다 왔니?
B 응, 친구들하고 스키장에 갔다 왔어.
A 이번 주에 보고서 내야 한다고 하지 않았어?
B 그랬는데 선생님께서 다음 주 수요일까지 내도 된다고 하셨어.
A 너 스키 못 탄다고 했잖아.
B 응. 나는 스키를 전혀 못 타는데 친구들이 같이 가자고 해서 갔다 왔어.

A 재미있었어?

B 처음에는 못 탈 줄 알았는데 배워 보니까 진짜 재미있었어.
우리 이번 주말에 같이 갈까?

A 너 방금 다음 주까지 보고서 내야 한다고 했잖아.

B 아, 맞다. 그럼 보고서 내고 나서 같이 가자.

15과

1

A 뭘 도와 드릴까요?

B 통장을 만들려고 하는데요.

A 여권하고 외국인등록증 가져오셨어요?

B 전 여기에 잠깐만 있을 거라서 외국인등록증은 없고 여권만 있는데요.

A 그럼 여권만 주시면 됩니다.

B 여기 있습니다.

A 그리고 이 종이에 이름하고 주소, 전화번호를 써 주세요.

B 네.

       *   *   *

B 어, 여기에 도장을 찍어야 해요?

A 도장 찍는 대신 서명하셔도 돼요. 현금카드도 만드시겠어요?

B 아뇨. 현금카드는 필요 없어요.

2

민수 여보세요.

윤지 민수야, 지금 어디 있어?

민수 어, 윤지구나. 나 지금 학교에 있는데. 왜?

윤지 학교에 있다니? 오늘 미하우 생일이라서 모이기로 했잖아. 잊어버렸어?

민수 너무 바빠서 잊어버렸어. 내일이라고 생각했는데.

윤지 사람들이 조금밖에 안 왔어. 미하우가 기다리고 있으니까 빨리 와.

민수 케이크는?

윤지 내가 샀어.

민수 그럼 나는 과일을 좀 사 갈게. 미하우한테 곧 간다고 전해 줘.

모범 답안
Odpowiedzi

1과

연습 I

1 (1) 인사동이 제일 많아요
 (2) 서울식당이 제일 맛있어요
 (3) KTX가 제일 빨라요
 (4) '엽기적인 그녀'가 제일 재미있어요
2 (1) 중에서 (2) 에서 (3) 에서 (4) 중에서
3 (1) 해 (2) 만들어 (3) 빌려 (4) 사
4 (1) 있네요 (2) 오네요 (3) 작네요 (4) 부네요
5 (1) 불고기가 아니고 삼겹살이에요
 (2) 남산이 아니고 관악산이에요
 (3) 목요일이 아니고 수요일이에요
 (4) 내일이 아니고 모레예요
6 (1) 302호가 아니라 304호예요
 (2) 마렉 씨가 아니라 얀 씨예요
 (3) 프랑스가 아니라 스페인이에요
 (4) 도서관이 아니라 박물관이에요
7 (1) 저 사람이 누구인지
 (2) 저기가 어디인지
 (3) 나영 씨 전화번호가 몇 번인지
 (4) 미하우 씨 생일이 며칠인지

연습 II

1 (1) 읽는지 (2) 먹는지 (3) 쓰는지 (4) 빌리는지
 (5) 듣는지 (6) 파는지 (7) 좋은지 (8) 빠른지
 (9) 쉬운지 (10) 먼지 (11) 맛있는지 (12) 없는지
2 (1) 보는지 (2) 먹는지 (3) 하는지 (4) 시작하는지
3 (1) 좋은지 (2) 가까운지 (3) 재미있는지 (4) 있는지

연습 III

1 (1) X (2) X
2 (1) (b) (2) (c) (3) (a)

2과

연습 I

1 (1) 오늘 저녁에 손님들이 오시기 때문에
 (2) 날씨가 좋기 때문에
 (3) 길이 막히기 때문에
 (4) 노래를 못 부르기 때문에
 (5) 날씨가 춥기 때문에
 (6) 내일 시험을 보기 때문에
2 (1) 미국 사람 (2) 운동선수 (3) 요리사 (4) 겨울
3 (1) 일 (2) 사람들 (3) 숙제

연습 II

1 (1) 저녁에는 길이 막히니까요.
 (2) 값도 싸고요.
 (3) 밖은 시끄러우니까요.
 (4) 머리가 많이 아파서요.
2 (1) 친구가 전화할 것 같아요
 (2) 길이 막힐 것 같아요
 (3) 아이가 울 것 같아요
 (4) 미하우 씨가 노래를 잘 부를 것 같아요
3 (1) 인기가 많을 것 같아요
 (2) 시험이 어려울 것 같아요
 (3) 신발이 작을 것 같아요
 (4) 옷이 불편할 것 같아요
4 (1) 눈이 올 것 같아요
 (2) 밤에 잠을 못 잘 것 같아요
 (3) 시험을 잘 볼 것 같아요
 (4) 어려울 것 같아요
 (5) 나영 씨 가방일 것 같아요
5 (1) 크게 (2) 따뜻하게 (3) 쉽게 (4) 맛있게
6 (1) 추운 (2) 쉽게 (3) 재미있게 (4) 큰

연습 III

1 (1) X (2) O (3) X
2 (2)

3과

연습 I

1 (1) 사진 찍는 것 (2) 노래 부르는 것
 (3) 음악 듣는 것 (4) 테니스 치는 것
2 (1) 비행기로 (2) 연필로 (3) 수표로 (4) 칼로
3 (1) 재미없겠어요 (2) 작겠어요
 (3) 맛있겠어요 (4) 시끄럽겠어요
4 (1) 배우기, 7월부터 배우기 시작했어요
 (2) 타기, 작년부터 타기 시작했어요
 (3) 쓰기, 5년 전부터 쓰기 시작했어요
 (4) 일하기, 2010년부터 일하기 시작했어요

5 (1) 만난 지, 이 년 됐어요
(2) 배운 지, 삼 년 됐어요
(3) 피운 지, 칠 년 됐어요
(4) 취직한 지, 네 달 됐어요

6 (1) 영화를 보려고 해요
(2) 옷을 사려고 해요(쇼핑하려고 해요)
(3) 케이크를 만들려고 해요
(4) 한복을 입으려고 해요

연습 II

1 (1) 별로 안 짜요 (2) 별로 안 바빠요
(3) 별로 안 좋아해요 (4) 별로 안 무서워요

2 (1) 이메일 주소를 물어보려고
(2) 파베우 씨한테(에게) 주려고
(3) 어제 산 옷을 바꾸려고
(4) 돈을 찾으려고

3 (1) 빌리려고 (2) 걸려서 (3) 가려고 (4) 해서

연습 III

1 (1) 우체국 (2) (b), (d)

2 (1) (c) (2) (c)

4과

연습 I

1 (1) 비가 오는데 우산이 없어요
(2) 내일 시험을 보는데 좀 도와주세요
(3) 시장에 갔는데 사람이 많았어요
(4) 수업에 늦었는데 버스가 안 와요

2 (1) 30분쯤 걸리는데요
(2) 토요일에 만나는데요
(3) 텔레비전을 보는데요
(4) 영어를 가르치는데요

3 (1) 머리가 아픈데요 (2) 좀 추운데요
(3) 너무 작은데요 (4) 아주 재미있는데요

4 (1) 2kg을 샀는데요
(2) 떡국을 준비했는데요
(3) 텔레비전을 봤는데요
(4) 비빔밥을 먹었는데요

5 (1) 미하우 코발스키인데요 (2) 아리랑인데요
(3) 332-5667인데요 (4) 35,000원인데요

연습 II

1 (1) 찬 음식을 먹어도 돼요, 먹어도 돼요
(2) 담배를 피워도 돼요, 안 돼요
(3) 청바지를 입어도 돼요, 입어도 돼요
(4) 사진을 찍어도 돼요, 안 돼요

2 (1) 우리는 일학년이라서 아직 한자를 잘 몰라요
(2) 한국은 지금 장마철이라서 비가 많이 와요
(3) 내일은 휴일이라서 학교에 안 가요
(4) 약속 시간이 3시라서 30분 후에 출발해도 돼요

연습 III

1 (1) (b) (2) (c) (3) (a)

2 (1) (c) (2) 9, 10, 80,000

5과

연습 I

1 (1) 길이 막힐 테니까 (2) 비가 올 테니까
(3) 손님이 많을 테니까 (4) 합격할 테니까

2 (1) 우산을 빌려 줄 테니까
(2) 공부를 도와줄 테니까
(3) 김밥을 만들 테니까
(4) 점심을 사 줄 테니까

3 (1) 편한 신발을 신으면 돼요
(2) 오전 10시까지 오면 돼요
(3) 325번 버스를 타면 돼요
(4) 밤 9시 전에 전화하면 돼요

4 (1) 여기서 담배 피우면 안 돼요
(2) 수업 시간에 음식을 먹으면 안 돼요
(3) 찬 물을 마시면 안 돼요
(4) 도서관에서 이야기하면 안 돼요

5 (1) 3명밖에 없는데요
(2) 하루에 한 잔밖에 안 마시는데요
(3) 2장밖에 안 찍었는데요
(4) 나영 씨밖에 안 왔는데요

6 (1) 2시 표를 5시 표로 (2) 1인실을 2인실로
(3) 지폐를 동전으로 (4) 수표를 현금으로

연습 II

1 (1) 나영 씨 대신에 (2) 사과 대신에
(3) 까만색 바지 대신에 (4) 생일 선물 대신에

2 (1) 밥을 먹은 후에, 설거지하기 전에
(2) 책을 여러 권 읽은 후에, 보고서를 쓰기 전에
(3) 전화를 먼저 한 후에, 오기 전에
(4) 옷을 한 번 빤 후에, 입기 전에

3 (1) 쇼핑하다가(옷을 사다가)
(2) 밥을 먹다가(식사하다가)
(3) 설거지하다가

(4) 등산을 하다가

연습 III

1 (1) (c) (2) (a) (3) (b)
2 (1) (a) X (b) X (c) O (2) (c)

6과

연습 I

1 (1) 얼마나 걸릴지 (2) 도와줄지
   (3) 사무실에 계실지 (4) 무슨 선물을 좋아할지
2 (1) 사과나 포도를 사 갑시다
   (2) 당근이나 호박을 넣읍시다
   (3) 피에로기나 돈가스를 만듭시다
   (4) 금요일이나 토요일에 만납시다
3 (1) 커피 마실래요, 마실래요
   (2) 책 읽을래요, 읽을래요
   (3) 음악 들을래요, 들을래요
   (4) 영화 볼래요, 볼래요
4 (1) 학교 앞 커피숍에서 기다릴래요
   (2) 포도 주스를 마실래요
   (3) 예쁜 청바지를 살래요
   (4) 11시에 출발할래요

연습 II

1 (1) 박 선생님을 만나려면, 사무실로 가세요
   (2) 노래를 잘 부르려면, 매일 연습을 하세요
   (3) 한국어를 잘하려면, 한국 친구하고 이야기하세요
   (4) 옷을 싸게 사려면, 남대문시장에 가세요
2 (1) 미하우 씨랑 진수 씨가 안 왔어요
   (2) 냉면이랑 비빔밥을 시킵시다
   (3) 가방이랑 구두를 주문했어요
   (4) 피아노랑 바이올린을 연주할 줄 알아요
3 (1) 운동을 하거나 공부를 해요
   (2) 음악을 듣거나 춤을 춰요
   (3) 영화를 보거나 커피를 마셔요
   (4) 버스를 타거나 걸어서 가요
4 (1) 사당역에서 2호선으로 갈아타세요
   (2) 충무로역에서 4호선으로 갈아타세요
   (3) 시청역에서 1호선으로 갈아타세요
   (4) 고속터미널역에서 9호선으로 갈아타세요

연습 III

1 (1) (b) (2) (a) (3) (c)
2 (1) (b) (2) (b)

3

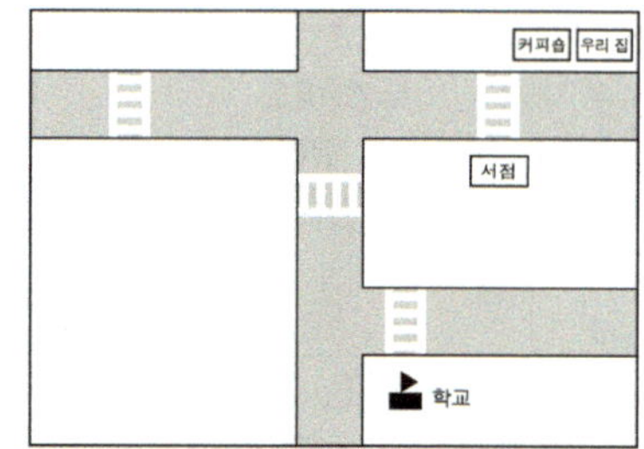

7과

연습 I

1 (1) 밖이 추울 텐데
   (2) 영화가 재미있을 텐데
   (3) 음식이 뜨거울 텐데
   (4) 백화점은 비쌀 텐데
2 운동을 하고 나서, 아침을 먹고 나서, 이를 닦고 나서, 옷을 입고 나서
3 (1) 중국 영화를 본 적이 있어요, 있어요
   (2) 한국 노래를 들은 적이 있어요, 있어요
   (3) 지갑을 잃어버린 적이 있어요, 없어요
   (4) 유명한 사람을 만난 적이 있어요, 없어요

연습 II

1 (1) 커 보여요 (2) 슬퍼 보여요
   (3) 따뜻해 보여요 (4) 작아 보여요
   (5) 추워 보여요 (6) 우울해 보여요
   (7) 지루해 보여요
2 (1) 힘들어 보여요 (2) 어려워 보여요
   (3) 바빠 보여요 (4) 기분이 좋아 보여요
3 (1) 하고 (2) 에 (3) 에 (4) 밖에

연습 III

1 (3), (1), (2)
2 (1), (3), (4)

8과

연습 I

1 (1) 폴란드가 한국보다 덜 더워요
   (2) 평일이 휴일보다 덜 복잡해요
   (3) 시장이 백화점보다 덜 비싸요
   (4) 중간고사가 기말고사보다 덜 어려워요
2 남아, 누워, 서

3 (1) 5시에 만나기로 했어요
 (2) 미하우 씨가 남기로 했어요
 (3) 스파게티를 만들기로 했어요
 (4) 다음 달에 떠나기로 했어요

연습 II

1 (1) 먹는다 (2) 읽는다 (3) 논다 (4) 웃는다
 (5) 쓴다 (6) 모른다 (7) 듣는다 (8) 본다

2 (1) 예쁘다 (2) 크다 (3) 작다 (4) 깊다
 (5) 편리하다 (6) 맛있다 (7) 쉽다 (8) 멀다
 (9) 좁다 (10) 낮다

3 (1) 친구이다(친구다) (2) 봄이다
 (3) 9월이다 (4) 한국 노래이다(한국 노래다)

4 (1) 토요일이었다 (2) 갔다 (3) 알려 줬다
 (4) 빌렸다 (5) 마셨다 (6) 이야기했다
 (7) 많았다 (8) 갈 것이다 (9) 먹을 것이다

연습 III

1 (1) ② (2) ② (3) ①
2 (1) ③ (2) ①

9과

연습 I

1 (1) 만들어 (2) 샀어 (3) 왔어
 (4) 해 (5) 힘들어 (6) 나는 내일 수업이 없어

2 (1) 도서관이야 (2) 미하우 씨야
 (3) 다섯 명이야 (4) 며칠이야
 (5) 의사였어 (6) 이건 내 글씨가 아니야

3 (1) 할 거야 (2) 쉴 거야
 (3) 부칠 거야 (4) 전공할 거야
 (5) 잘 어울릴 거야 (6) 많을 거야

4 (1) 졸릴 때 커피를 마셔요
 (2) 우울할 때 음악을 들어요
 (3) 특별한 일이 있을 때 양복을 입어요
 (4) 시간이 없을 때 택시를 타요

5 (1) 까매 (2) 빨개 (3) 파란 (4) 노래

연습 II

1 (1) 읽자 (2) 만들자 (3) 만나자 (4) 듣자
2 (1) 김밥을 좋아하는구나
 (2) 책을 빨리 읽는구나
 (3) 날씨가 덥구나
 (4) 요즘 힘들구나

3 (1) 아프니 (2) 왔니 (3) 머니
 (4) 듣니 (5) 올 거니 (6) 뭐니
4 (1) 준서 씨를 만나는 날 (2) 관악산에 가는 날
 (3) 영화를 보는 날 (4) 시험을 보는 날
5 (1) 수업이 없는 날 (2) 우울한 날
 (3) 몸이 피곤한 날 (4) 외로운 날

연습 III

1 (1) ②, ④
 (2)

2 (1) ③ (2) 2, 1, 1, 1

10과

연습 I

1 (1) 미하우 씨가 바빠서 아침을 못 먹는다고 했어요
 (2) 준서 씨가 아침에 공원에서 산책을 한다고 했어요
 (3) 영준 씨가 미하우 씨 전화번호를 모른다고 했어요
 (4) 요안나 씨가 기숙사에서 학교까지 걸어서 30분
 걸린다고 했어요
 (5) 나영 씨가 만두를 잘 만든다고 했어요
 (6) 미라 씨가 운전하면서 라디오를 듣는다고 했어요

2 (1) 진수 씨가 기숙사는 학교에서 너무 멀다고 했어요
 (2) 민우 씨가 인삼차가 감기에 좋다고 했어요
 (3) 유스트나 씨가 미하우 씨가 보고 싶다고 했어요
 (4) 요안나 씨가 책을 살 돈이 필요하다고 했어요
 (5) 에밀리아 씨가 일이 많아서 힘들다고 했어요
 (6) 표트르 씨가 날씨가 쌀쌀하다고 했어요

3 (1) 수미 씨가 어제 노래방에서 노래를 불렀다고
 했어요
 (2) 나영 씨가 표트르 씨가 감기에 걸렸다고 했어요
 (3) 에밀리아 씨가 서울로 가는 비행기 표를 예매
 했다고 했어요
 (4) 올가 씨가 어제 배운 문법이 아주 어려웠다고
 했어요
 (5) 민수 씨가 발표 준비 때문에 바빴다고 했어요
 (6) 지나 씨가 모임에 세 명밖에 안 왔다고 했어요

4 (1) 성원 씨가 다음부터는 지각하지 않겠다고 했어요
 (2) 진수 씨가 매일 책을 읽겠다고 했어요
 (3) 나영 씨가 모르는 것이 있으면 질문하겠다고
 했어요

(4) 영석 씨가 오늘 저녁부터 비가 올 거라고 했어요

(5) 표트르 씨가 학생들을 열심히 가르치겠다고 했어요

(6) 수미 씨가 내일은 날씨가 추울 거라고 했어요

(7) 민수 씨가 담배를 끊겠다고 했어요

(8) 수영 씨가 미하우 씨 생일에 케이크를 만들어 갈 거라고 했어요

연습 II

1 (1) 미하우 씨가 시험이 수요일이라고 했어요

(2) 진수 씨가 이번 주 금요일이 미하우 씨 생일이라고 했어요

(3) 준서 씨가 약속 시간이 3시라고 했어요

(4) 표트르 씨가 한스 씨는 독일 사람이라고 했어요

(5) 마리 씨가 전공이 물리학이라고 했어요

(6) 에밀리아 씨가 (에밀리아 씨가/자기가) 좋아하는 색은 보라색이라고 했어요

2 (1) 민우 씨가 표트르 씨는 폴란드에서 선생님이었다고 했어요

(2) 나영 씨가 옛날에는 이 건물이 병원이었다고 했어요

(3) 에밀리아 씨가 작년에는 책값이 20,000원이었다고 했어요

(4) 영석 씨가 민수 씨가 준비한 음식은 만두였다고 했어요

(5) 요안나 씨가 입학식은 3월 2일이었다고 했어요

(6) 소피 씨가 준석 씨를 처음 만난 곳은 도서관 앞이었다고 했어요

연습 III

1 (1) (b) (2) (c) (3) (a)

2 (1) ① (2) 2

11과

연습 I

1 (1) 왜 전화를 못 받았어요, 음악을 듣느라고 전화를 못 받았어요

(2) 왜 밤을 새웠어요, 보고서를 쓰느라고 밤을 새웠어요

(3) 왜 점심을 못 먹었어요, 낮잠을 자느라고 점심을 못 먹었어요

(4) 왜 늦게 잤어요, 텔레비전을 보느라고 늦게 잤어요

2 (1) 이사하느라고

(2) 친구를 만나느라고

(3) 기숙사 생활에 적응하느라고

(4) 친구들하고 노느라고

3 (1) 아무 주스나 (2) 아무 과일이나

(3) 아무 요일이나 (4) 아무 옷이나

4 (1) 아무거나 (2) 아무나

(3) 아무거나 (4) 아무 때나

5 (1) 전혀 안 바빠 (2) 전혀 안 많아

(3) 전혀 안 매워 (4) 전혀 안 무서워

6 (1) 전혀 못 먹어 (2) 전혀 못 쳐

(3) 전혀 못 마셔 (4) 전혀 못 타

7 (1) 전혀 모르겠어요 (2) 전혀 안 해요

(3) 전혀 없어요 (4) 전혀 못 잤어요

연습 II

1

	-습니다/ㅂ니다	-아요/어요	-(으)ㄹ 거예요	-고	-(으)면
낫다	낫습니다	나아요	나을 거예요	낫고	나으면
짓다	짓습니다	지어요	지을 거예요	짓고	지으면
붓다	붓습니다	부어요	부을 거예요	붓고	부으면

2 (1) 짓 (2) 낫 (3) 지어 (4) 부

3 (1) 에밀리아 씨가 막걸리를 마시자고 했어요

(2) 수미 씨가 같이 커피 마시러 가자고 했어요

(3) 나영 씨가 폴란드 음식을 만들자고 했어요

(4) 표트르 씨가 창문을 닦자고 했어요

(5) 미하우 씨가 휴대폰을 끄자고 했어요

(6) 영석 씨가 오늘은 공부하지 말자고 했어요

4 (1) 영석 씨가 텔레비전을 켜라고 했어요

(2) 미하우 씨가 쇼팽의 야상곡을 들으라고 했어요

(3) 나영 씨가 담배를 끊으라고 했어요

(4) 소피 씨가 선물을 사 오라고 했어요

(5) 민우 씨가 사진 찍지 말라고 했어요

(6) 어머니께서(어머니가) 밥 먹기 전에 손 씻으라고 하셨어요(했어요)

연습 III

1 (1) (c) (2) (d) (3) (b)

2 (1) (c) (2) (a) (3) (b)

12과

연습 I

1 (1) 날씨가 좋아야 할 텐데

(2) 일찍 일어나야 할 텐데

(3) 우리 팀이 이겨야 할 텐데

(4) 장학금을 받아야 할 텐데

2 (1) 영화가 재미있어야 할 텐데

(2) 음식이 맛있어야 할 텐데

   (3) 발표를 잘해야 할 텐데
   (4) 친구들이 기다려 줘야 할 텐데

연습 Ⅱ

1 (1) 요안나 씨가 뭘 공부하느냐고 했어요
   (2) 에밀리아 씨가 비빔밥을 어떻게 만드느냐고 했어요
   (3) 진수 씨가 왜 폴란드에 전화를 안 하느냐고 했어요
   (4) 나영 씨가 소설책을 자주 읽느냐고 했어요
   (5) 준석 씨가 미하우 씨 생일이 며칠인지 아느냐고
      했어요
   (6) 표트르 씨가 무슨 음악을 듣느냐고 했어요

2 (1) 진수 씨가 폴란드는 집값이 비싸냐고 물었어요
   (2) 민우 씨가 집이 여기에서 머냐고 물었어요
   (3) 유스트나 씨가 바깥 날씨가 추우냐고 물었어요
   (4) 요안나 씨가 무슨 음식이 제일 맛있느냐고 물
      었어요
   (5) 에밀리아 씨가 교실에 사람이 많으냐고 물었어요
   (6) 표트르 씨가 한국어 공부하기가 어려우냐고 물
      었어요

3 (1) 미하우 씨가 이 식당에서 제일 맛있는 음식이
      뭐냐고 물었어요
   (2) 준서 씨가 전공이 뭐냐고 물었어요
   (3) 영준 씨가 지금 몇 시냐고 물었어요
   (4) 요안나 씨가 미하우 씨 옆에 있는 사람이 누구
      냐고 물었어요
   (5) 나영 씨가 오늘이 무슨 요일이냐고 물었어요
   (6) 에밀리아 씨가 가족이 몇 명이냐고 물었어요

4 (1) 수미 씨가 감기에 걸렸느냐고 했어요
   (2) 에밀리아 씨가 백화점에서 무슨 옷을 샀느냐고
      했어요
   (3) 미하우 씨가 누구하고 닮았느냐고 했어요
   (4) 올가 씨가 시험이 어려웠느냐고 했어요
   (5) 민수 씨가 생일 파티에 누가 왔느냐고 했어요
   (6) 진수 씨가 음식이 맛있었느냐고 했어요
   (7) 유스트나 씨가 손님이 몇 명이었느냐고 했어요
   (8) 준석 씨가 지난 시간에 배운 노래가 뭐였느냐
      고 했어요

5 (1) 수미 씨가 대학원에서 한국어를 전공할 거냐고
      했어요
   (2) 윤지 씨가 무슨 노래를 부를 거냐고 했어요
   (3) 표트르 씨가 음식을 많이 만들 거냐고 했어요
   (4) 미란 씨가 동생 결혼식 때 무슨 옷을 입을 거냐
      고 했어요
   (5) 올가 씨가 무슨 커피를 마실 거냐고 했어요
   (6) 수연 씨가 언제 보고서를 제출할 거냐고 했어요

연습 Ⅲ

1 (1) 산   (2) ①
2 (1) ②   (2) ①   (3) ① X ② X

13과

연습 Ⅰ

1 (1) 어려울 줄 알았는데   (2) 넓을 줄 알았는데
   (3) 추울 줄 알았는데   (4) 멀 줄 알았는데
2 (1) 자고 있을 줄 알았어요
   (2) 잘 먹을 줄 알았어요
   (3) 모를 줄 알았어요
   (4) 기숙사에서 살 줄 알았어요
3 (1) 병원에 가야겠어요
   (2) 우산을 가져가야겠어요
   (3) 새 컴퓨터를 사야겠어요
   (4) 안경을 써야겠어요
   (5) 산에 가야겠어요
4 (1) 피곤한가 봐요
   (2) 배가 고픈가 봐요
   (3) 기분이 좋은가 봐요
   (4) 영화가 재미있나 봐요
5 (1) 비가 오나 봐요
   (2) 음악을 듣나 봐요
   (3) 음식을 만드나 봐요
   (4) 나영 씨를 좋아하나 봐요
6 (1) 다이어트를 했나 봐요
   (2) 영화가 끝났나 봐요
   (3) 잠을 못 잤나 봐요
   (4) 선물을 받았나 봐요

연습 Ⅱ

1 (1) 먹어 보니까   (2) 만나 보니까
   (3) 타 보니까   (4) 살아 보니까
2 (1) 산에 갈   (2) 비행기 표를 살
   (3) 잘 대답할   (4) 장학금을 받을
3 (1) 진수 씨는 동생에게 사탕을 줬어요
   (2) 나영 씨는 선생님께 책을 드렸어요
   (3) 나는 친구에게 가방을 줬어요
   (4) 제 동생은 어머니께 카드를 드렸어요
4 (1) 할아버지께서는 지금 뭐 하세요, 운동을 하세요
   (2) 아버지께서는 지금 뭐 하세요, 텔레비전을 보세요
   (3) 선생님께서는 지금 뭐 하세요, 음악을 들으세요
   (4) 할머니께서는 지금 뭐 하세요, 음식을 만드세요

연습 Ⅲ

1 (1) 미하우, 선생님 (2) ②

2 (1) ② (2) ③

14과

연습 I

1 (1) 아무리 먹어도 (2) 아무리 닦아도

2 (3) 아무리 봐도 (4) 아무리 기다려도

 (1) 한 번도 안 마셔 봤어요

 (2) 한 번도 안 가 봤어요

 (3) 한 번도 안 입어 봤어요

 (4) 한 번도 안 타 봤어요

3 (1) 닫히다 (2) 놓이다 (3) 팔리다

 (4) 들리다 (5) 잠기다 (6) 열리다

 (7) 쫓기다 (8) 잡히다 (9) 걸리다

 (10) 안기다 (11) 차이다 (12) 끊기다

4 (1) 놓으세요 (2) 잡혔어요

 (3) 걸었어요 (4) 잠그고

5 (1) 자주 가는 편이에요 (2) 많이 읽는 편이에요

 (3) 좋아하는 편이에요 (4) 자주 듣는 편이에요

6 (1) 친절한 편이야 (2) 깨끗한 편이야

 (3) 조금 지루한 편이야 (4) 꽤 맛있는 편이야

연습 Ⅱ

1 (1) 저녁에 손님이 오시거든요

 (2) 시험공부를 해야 하거든요

 (3) 이 시간에는 길이 막히거든요

 (4) 점심을 늦게 먹었거든요

2 (1) 병맥주밖에 없는데요, 그럼 병맥주라도 주세요

 (2) 물냉면밖에 없는데요, 그럼 물냉면이라도 주세요

 (3) 홍차밖에 없는데요, 그럼 홍차라도 주세요

 (4) 하얀색밖에 없는데요, 그럼 하얀색이라도 주세요

3 (1) 종업원이 친절하잖아

 (2) 고기를 싫어하잖아

 (3) 한국에 갔잖아

 (4) 감기에 걸렸잖아

연습 Ⅲ

1 (1) 커피숍 (2) ③, ④

2 (1) ③ (2) ②

15과

연습 I

1 (1) 케이크를 만들까 해 (2) 백화점에 갈까 해

 (3) 여행을 할까 해 (4) 소설책을 읽을까 해

2 (1) 어렸을 때 만들어 봤어

 (2) 놀이공원에 갔을 때 찍어 봤어

 (3) 한국을 방문했을 때 마셔 봤어

 (4) 부모님이(께서) 오셨을 때 가 봤어

3 (1) 공부를 열심히 할걸 그랬어

 (2) 아르바이트할걸 그랬어

 (3) 예약할걸 그랬어

 (4) 병원에 갈걸 그랬어

연습 Ⅱ

1 (1) 수학이라니 (2) 남자 친구라니

 (3) 독일 사람이라니 (4) 오늘이라니

2 (1) 사귀다니요 (2) 없다니요

 (3) 별로 안 덥다니요 (4) 가깝다니요

3 (1) 파란색 티셔츠를 입고 있는

 (2) 안경을 쓰고 있는

 (3) 분홍색 스카프를 하고 있는

 (4) 하얀색 구두를 신고 있는

4 (1) 시험을 보는 대신 보고서를 내도 돼요

 (2) 도장을 찍는 대신 서명을 해도 돼요

 (3) 전화하는 대신 이메일을 보내도 돼요

 (4) 볼펜으로 쓰는 대신 연필로 써도 돼요

연습 Ⅲ

1 (1) 은행 (2) ①

2 (1) ① X ② O ③ X (2) ③

단어 목록
Lista słówek

※본: 본문, 문: 문법, 연: 연습

ㄱ

가게 sklep [1문I]

가격 cena [13본I]

가격이 싸다 być tanim (cena jest niska) [13본I]

가르마 przedziałek [13본II]

가수 piosenkarz, piosenkarka [2문I]

가장 najbardziej, naj- [1문I]

가져가다 wziąć ze sobą, zabrać ze sobą [4본I]

가져다 드리다 przynieść, zanieść (hon.) [5본I]

가져오다 przynieść [4본II]

가지고 가다 zanieść, zanosić, zawozić, zawieźć [2문I]

가지다 mieć przy sobie [2문I]

간단하다 być prostym, nieskomplikowanym [7본II]

간장 sos sojowy [5연II]

갈비탕 *galbitang* (zupa na żeberkach wołowych) [14본I]

갈색 brąz, brązowy kolor [1본II]

갈아입다 przebrać się [10본I]

갈아타다 przesiadać się [6본II]

(눈을) 감다 zamknąć (oczy) [15문II]

감사 podziękowanie [2본II]

감사하다 dziękować [4본II]

값 cena [2연II]

강의 wykład, wykłady [7본I]

갖다 드리다 przynieść, zanieść (hon.) [6본II]

갖다 주다 przynieść, zanieść [9본II]

같다 być takim samym [13문I]

개강 rozpoczęcie roku akademickiego (szkolnego) [9본II]

개강하다 zaczynać zajęcia (rok akademicki, szkolny) [9본II]

개나리꽃 kwiaty forsycji [8문I]

개월 miesiąc (jednostka) [13연III]

개정판 wydanie poprawione [12본I]

거리 ulica [1문II]

거스름돈 reszta (pieniędzy) [15본I]

거울 lustro [13본II]

거의 prawie, niemal, ledwie [8문II]

건너다 przechodzić na drugą stronę ulicy [6연III]

걸다 wieszać [14문I]

걸리다 być wieszanym [14문I]

걸어가다 iść pieszo [4문I]

검은색 czerń, czarny kolor [9문I]

게임 zabawa, gra [3본II]

결과 wynik, rezultat [4본II]

결석 nieobecność [12본II]

결혼식 ślub [2본II]

경기 mecz, zawody [2문I]

경영대학 wydział zarządzania [14본I]

경영학 zarządzanie (kierunek studiów) [9연I]

경영학과 wydział zarządzania [7본I]

경찰 policja [14문I]

계속 ciągle, nieprzerwanie [2연III]

계시다 być, znajdować się, przebywać (hon. – aprecjat.) [6연I]

고르다 wybierać [8본I]

고장 나다 zepsuć się, mieć awarię [6본II]

고추장 *gochujang* (ostra pasta paprykowa) [5본I]

곡식 zboże, zboża [2본II]

곧 od razu, z miejsca [3문I]

곧바로 bezpośrednio [5본II]

곧장 prosto, na wprost [5문II]

공중전화 automat telefoniczny, telefon publiczny [8본I]

공책 zeszyt [1문I]

공통점 cechy wspólne, zbieżności; podobieństwa [1본II]

과 wydział, zakład, katedra (jednostka organizacyjna wyższej uczelni) [4문I]

과목 przedmiot [12본I]

과목명 nazwa przedmiotu [12본I]

과제 zadanie (np. praca domowa) [12본I]

과학 nauka; nauki ścisłe, przyrodnicze [1본I]

과학자 uczony, naukowiec [1본I]

관광 turystyka, zwiedzanie [1본II]

관광 안내 센터 centrum informacji turystycznej
  [1본II]

관악산 góry Gwanak (Gwanaksan) [1연I]

괜찮다 być zadawalającym, akceptowalnym,
  dobrym (często „nie szkodzi, nie ma
  problemu") [2연III]

굉장히 niezwykle, bardzo [8본I]

교수 profesor [2문II]

교양 과목 humanistyczny przedmiot
  ogólnouniwersytecki [9본II]

교외 okolice poza miastem [3본II]

교통카드 karta miejska [10본I]

교환학생 student na stażu, stypendysta w ramach
  wymiany [4본II]

교회 kościół (najczęściej protestancki) [1본II]

구레나룻 baczki, bokobrody [13본II]

구매 kupno, zakup [9본II]

구하다 szukać, znaleźć [13연III]

국 zupa [5연II]

국문과 Wydział Literatury i Języka Koreańskiego
  [4본II]

국물 zupa, sos, sok (płynna część potrawy)
  [14본I]

국어국문학과 Wydział Literatury i Języka
  Koreańskiego [4본I]

국제전화 rozmowa międzynarodowa [8본I]

국화 kwiat narodowy, kwiat-symbol kraju,
  narodu [8문II]

궁금하다 być ciekawym, chcieć się dowiedzieć,
  dociekać CZEGO [4본II]

궁전 pałac [1본I]

귀 ucho [2문II]

그곳 tam, tamto miejsce [1본I]

그날 ten dzień, tamten dzień
  (tego dnia, tamtego dnia) [4본II]

그들 oni, one [8문II]

그때 wtedy [1본II]

그래 tak (potwierdzenie, forma poufała 반말)
  [9본I]

그래도 mimo to jednak, ale jednak [3본II]

그러다 postępować tak (zgodnie z tym co
  powiedziano wcześniej), zrobić tak
  (jak powiedziano) [8본I]

그러면 więc; skoro tak, to; wobec tego [1본II]

그런 taki [7문I]

그릇 naczynie, talerz, miska, itp. [5연II]

근데 ale [10본I]

근처 pobliże, bliska okolica [8본I]

글씨 pismo, litery [9연I]

금방 zaraz, za chwilę, wkrótce [13본II]

기념품점 sklep z pamiątkami [13본I]

기독교 chrześcijaństwo (głównie protestantyzm)
  [2본I]

기름 paliwo [15문I]

기말고사 egzamin końcowy [8연I]

기온 temperatura (powietrza) [15연II]

기차표 bilet kolejowy [12문I]

기침 kaszel [11본I]

기타 inne, pozostałe [12본I]

긴장 napięcie, stres [14문I]

긴장이 되다 stresować się, denerwować się,
  ulec stresowi, pogrążyć się w stresie
  [14문I]

길거리 ulica [14문I]

길이 막히다 droga (ulica) jest zakorkowana,
  zatłoczona [2본I]

김치볶음밥 kimchi-bokkeumbap (ryż smażony
  z kimchi i innymi dodatkami) [6본I]

깊다 być głębokim [8연II]

까만색 czerń, czarny kolor [5연I]

까맣다 być czarnym [9문I]

깨다 potłuc, stłuc, rozbić (np. talerz) [5연II]

(잠이) 깨다 obudzić się (ze snu) [8문I]

꽉 ciasno, mocno [8문II]

꽤 całkiem, sporo [10본I]

끄다 wyłączyć [11연II]

끊기다 być przerywanym, zaprzestawanym
 [14문I]

(전화를, 연락을) 끊다 przerwać, przestać
 (telefonować, kontaktować się) [14문I]

끝 koniec [7본I]

끝내다 zakończyć CO [2연I]

ㄴ

나가다 wychodzić [2연I]

나이 wiek (długość życia) [9본I]

나중에 później [1문II]

날 dzień (doba) [5문I]

날씬하다 być szczupłym [13연I]

낡다 być starym, zniszczonym [12연III]

남기다 zostawić [10연III]

남다 pozostać [4본I]

남산 góra Namsan (Namsan) [1연I]

남성적 męski [7본II]

낫다 ustąpić (o chorobie, dolegliwości),
 wyleczyć się, wyzdrowieć [11본II]

낫다 być lepszym [13본I]

낮 dzień (okres od wschodu do zachodu
 słońca, kiedy jest jasno na dworze) [11문I]

낮잠 drzemka [9연II]

내과 gabinet internistyczny (także szpital,
 klinika, oddział lub przychodnia) [11본I]

내용 treść, zawartość [3문I]

내용물 zawartość [3연III]

노랗다 być żółtym [9문I]

노래방 karaoke [2연I]

노력 wysiłek [6문II]

노벨상 nagroda Nobla [1본I]

노선도 plan linii (np. metra), mapa [6본II]

놀랍다 być zadziwiającym, wywołującym
 zdziwienie [11문I]

놀이공원 lunapark, wesołe miasteczko [15연I]

농구 koszykówka [9문II]

놓다 położyć, ustawić [2본II]

놓이다 być kładzionym, puszczanym [14문I]

누르다 naciskać, przyciskać (klikać) [7본II]

눈이 좋다 mieć dobry wzrok [1연III]

눕다 położyć się [8연I]

늘다 poprawiać się, polepszać się [6본I]

님 sufiks honoryfikatywny [2본II]

ㄷ

다녀오다 pójść (i wrócić) [15본I]

다듬다 przyciąć, podciąć, wyrównać [13본II]

다이어트 dieta [13연I]

다행 szczęście, pomyślność [8본II]

단무지 *tanmuji* (kiszona rzodkiew) [5연III]

단어 słowo, wyraz [1문I]

닫히다 być zamykanym (zamykać się) [14문I]

달러 dolar (jednostka walutowa) [5연I]

달리다 biegać, biec [2연I]

닮다 być podobnym do KOGO/CZEGO [7본II]

담당교수 wykładowca danego przedmiotu [12본I]

답 odpowiedź [3연I]

당근 marchew [5연III]

당신 ty, pan/pani [13연III]

대 sztuka (klasyfikator do liczenia samochodów)
 [14문I]

대리점 oddział, filia, przedstawicielstwo [8본I]

대부분 większość [10본II]

대사관 ambasada [4본I]

대신 zamiast [5본II]

대접하다 podejmować (gości) [2본II]

대표적 typowy (dla), reprezentatywny [12본I]

대하다 traktować [12본II]

대학원 studia II lub III stopnia [8연III]

대회 konkurs [7연III]

덜 mniej [8본I]

덮다 okryć, pokryć [14문I]

덮이다 być pokrywanym (pokryć się) [14문I]

도로 droga [14문I]

도서실 czytelnia [1문I]

도움 pomoc [12본I]

도움이 되다 być pomocnym, stać się pomocnym [12본I]

도장 pieczątka, pieczęć [13본II]

도장을 찍다 przystawić pieczątkę [13본II]

도 stopień (jednostka miary, np. temperatury) [15연II]

동 numer budynku [6본II]

동갑 równolatek, równolatka [9본I]

동대문시장 bazar *Dongdaemun* [1연I]

동물원 ogród zoologiczny, zoo [1문I]

동상 pomnik, posąg [1본I]

동전 moneta [5연I]

된장찌개 *doenjang-jjigae* (zupa z pasty sojowej *doenjang*) [8연III]

두껍다 być grubym [10본I]

두다 zostawić (bez zmian), pozostawić [13본II]

둘러보다 rozejrzeć się, rozglądać się [7본I]

뒤덮다 pokryć, okryć [9문I]

뒷모습 wygląd z tyłu [13본II]

뒷산 góra (znajdująca się za wioską, domem) [8문I]

뒷줄 ostatni rząd [15본II]

드디어 w końcu, nareszcie [9문II]

드레스 sukienka [1문I]

들다 trzymać, nosić [13본I]

들르다 wstąpić, odwiedzić [10본I]

들리다 być słyszanym, słyszalnym [14문I]

들어 있다 zawierać [14본I]

등록금 czesne, opłata za naukę [12연I]

디자인 fason, projekt (odzieży) [15본I]

디지털 카메라 cyfrowy aparat fotograficzny [3본II]

따로 osobno, pojedynczo, oddzielnie [5본I]

딸기 truskawki [4연I]

때 czas [2본II]

떠나다 wyjść, wyruszyć [8연I]

떡 *tteok* (koreańskie ciasteczka/kluski ryżowe) [2본II]

떡국 *tteokguk* (zupa z kluskami z ciasta ryżowego) [1연II]

똑같다 być identycznym [7문II]

뜨겁다 być gorącym (o ciałach stałych i cieczach) [7연I]

뜻 znaczenie [1문I]

ㄹ

레몬 cytryna [8문I]

로고 logo [13본I]

로그인 logowanie (się) [7본II]

룸메이트 współlokator, współlokatorka [8본II]

ㅁ

마리 sztuka (klasyfikator do liczenia zwierząt) [9본II]

마을버스 autobus lokalny [10본I]

마음에 들다 podobać się [6본I]

마찬가지 bycie tym (takim) samym, identyczność [1본II]

마트 hipermarket [9본I]

막걸리 makkolli (alkohol z ryżu) [11연II]

막다 udaremnić, zablokować, zatamować, wstrzymywać [13문I]

말 koń, konie [4연III]

말씀 słowa, wypowiedź (hon. - aprecjat.) [5본II]

말을 트다 przejść na ty [9본I]

맞다 zostać uderzonym, pobitym [15연I]

맡기다 powierzyć CO (KOMU), zostawić CO GDZIE DLA KOGO [6문II]

맡다 wziąć na siebie CO, podjąć się, zobowiązać się (do zrobienia CZEGO) [12본II]

매표원 sprzedawca [5본II]

머그컵 kubek [13본I]

머무르다 przebywać, zostawać (GDZIE) [12본II]

먼저 najpierw [2문II]

멀리 daleko (w dali) [1본I]

메시지 wiadomość [10연III]

면담 konsultacje [12본I]

면접 rozmowa kwalifikacyjna [13연II]

명절 święto [2본II]

모기 komar, komary [11연I]

모델 model, modelka [2연Ⅲ]

모든 wszyscy, wszystkie, wszystek [7본I]

모레 pojutrze [1연I]

모습 kształt, wygląd, wizerunek, figura (np. człowieka) [7문Ⅱ]

모양 kształt [2본Ⅱ]

모으다 zbierać, kolekcjonować [3문I]

모이다 zbierać się [2본Ⅱ]

모자라다 brakować, być w niewystarczającej liczbie, ilości, stopniu [12연Ⅲ]

목소리 głos [2연Ⅱ]

목표 cel [12본I]

무 rzepa [9본Ⅱ]

무게 ciężar, waga [5문Ⅱ]

무궁화 ketmia syryjska (Hibiskus syriacus) [8문Ⅱ]

무척 bardzo [2본Ⅱ]

문법론 teoria gramatyki [12본I]

문법적 gramatyczny [12본I]

문법책 książka do gramatyki [8문Ⅱ]

문화과학궁전 Pałac Kultury i Nauki [1본I]

물가 cena towarów [7문Ⅱ]

물고기 ryba (w kontekstach pozakulinarnych) [2연Ⅲ]

물냉면 mul-naengmyeon (makaron na zimno w zupie) [14연Ⅱ]

물리학 fizyka [10연Ⅱ]

물어보다 spytać, zapytać [2연I]

미리 uprzednio [13문I]

미성년자 osoba niepełnoletnia [4문Ⅱ]

미술관 galeria sztuk pięknych [5연Ⅲ]

미용사 fryzjerka, fryzjer [13본I]

미용실 salon fryzjerski [13본I]

미팅 randka w ciemno [14본I]

민속박물관 muzeum etnograficzne [10본I]

및 oraz [12본I]

Ⓗ

바나나 banan, banany [9연I]

바다 morze [11문I]

바로 od razu, bezpośrednio [3본Ⅱ]

바르시치 barszcz [2본Ⅱ]

바지 spodnie [5연Ⅱ]

반 klasa w szkole (grupa) [1문I]

반달 półksiężyc [2본Ⅱ]

발음하다 wymawiać [5연I]

발표 referat, prezentacja, wystąpienie [10연I]

발표하다 wygłaszać (referat), mieć odczyt [5연Ⅱ]

밤을 새우다 przesiedzieć całą noc [11연I]

방금 przed chwilą [14연Ⅲ]

방문하다 zwiedzać, odwiedzać [13연Ⅲ]

방바닥 podłoga [6본I]

방법 sposób, metoda [12연Ⅲ]

방울 dzwonek, dzwoneczek [9문I]

배달 dostawa do domu [9본Ⅱ]

배달원 dostawca, dostarczyciel [9본Ⅱ]

버스표 bilet autobusowy [5본Ⅱ]

버튼 przycisk, guzik, klawisz [7연Ⅲ]

번 numer kolejny (CZEGO) [1연I]

번역 tłumaczenie (pisemne) [7문I]

번호 numer [7연Ⅲ]

벌 sztuka (klasyfikator do liczenia strojów, odzieży) [15본I]

벌이다 organizować, rozpoczynać [10본Ⅱ]

베개 poduszka [9본I]

벽 ściana [14문Ⅱ]

별로 szczególnie, niezwykle [3본Ⅱ]

별명 pseudonim, przydomek [10연Ⅲ]

별첨 załącznik, dodatek, aneks [12본I]

병 choroba [12문I]

병맥주 piwo butelkowe [14연Ⅱ]

(휴일을) 보내다 spędzać (dni wolne) [2본I]

보라색 fiolet, fioletowy kolor [10연Ⅱ]

보이다 być widocznym, widzialnym [14본I]

볼펜 długopis [15연Ⅱ]

뵙다 mieć zaszczyt (przyjemność, itd.) spotkać KOGO, zobaczyć się z KIM (hon. – modest.) [4문I]

부교재 podręcznik pomocniczy [12본I]

부르다 wołać, wzywać [9문I]

부모 rodzice [7문II]

부탁 드리다 polecać się, prosić o względy [5본II]

부탁하다 prosić, upraszać [5본II]

부활절 Wielkanoc [2본II]

분홍색 róż, różowy kolor [15연II]

불러오다 zawołać, wezwać [9연III]

붓다 nalać, nalewać, wlać (płyn) [11문II]

(시험에) 붙다 zdać (egzamin) [13문I]

비고 inne uwagi [12본I]

비누 mydło [9본I]

비를 맞다 być zmoczonym przez deszcz [15연I]

비비다 mieszać [3문I]

비빔냉면 *bibim-naengmyeon* (makaron
    z warzywami i mięsem) [14연II]

빌다 prosić, modlić się [14본II]

빌딩 budynek [11연II]

빨간색 czerwień, czerwony kolor [5문I]

빨갛다 być czerwonym [9문I]

(옷을) 빨다 prać (ubranie) [5연II]

빵집 piekarnia (cukiernia) [6연III]

ㅅ

사거리 skrzyżowanie [6연III]

사고 wypadek [14문I]

사물놀이 *samullori* (tradycyjny gatunek muzyki
    perkusyjnej z udziałem bębnów i gongów)
    [3본I]

사실 fakt, zdarzenie, okoliczność,
    rzeczywistość [15문II]

사실 naprawdę, faktycznie, rzeczywiście,
    istotnie [14본I]

사이 między, pomiędzy [7본I]

사이즈 rozmiar [4문I]

사이트 strona internetowa [9본II]

사진이 잘 나오다 zdjęcie dobrze (ładnie) wychodzi,
    KTO wychodzi dobrze na zdjęciu
    (zdjęciach) [3본II]

사항 punkt, element, treść [12본I]

사회적 społeczny, socjalny [7문II]

살 rok, lata (wiek) [9본I]

삼겹살 boczek (bekon) [1연I]

상대편 strona przeciwna [14문I]

상을 타다 otrzymać nagrodę, zostać nagrodzonym
    [7연III]

새해 Nowy Rok [8문I]

색 kolor [1본II]

색깔 kolor [9연I]

생기다 powstać [15본I]

생맥주 piwo beczkowe [14연II]

생선회 ryby na surowo (sashimi) [11연I]

생신 urodziny (hon.) [12연III]

생활하다 żyć, mieszkać [4본II]

샤워실 prysznic (pomieszczenie) [7본I]

서다 stawać, wstawać, powstawać,
    zatrzymywać się [5본II]

서두르다 śpieszyć się [6본II]

서류 dokumenty [13본II]

서명 podpis [13본II]

서명하다 podpisać [15연III]

서양식 styl zachodni [10본II]

선글라스 okulary przeciwsłoneczne [4연III]

선수 zawodnik [14문I]

설거지하다 zmywać naczynia [5연II]

설날 Nowy Rok w kalendarzu księżycowym
    (święto koreańskie) [1연II]

설렁탕 *seolleongtang* (zupa gotowana na
    kościach wołowych z mięsem) [14본I]

설명 wyjaśnienie, objaśnienie [6본II]

설명하다 wyjaśniać [2연II]

성격 charakter (człowieka) [7본II]

성명 imię i nazwisko [12본I]

성별 płeć [13연III]

성십자가 교회 Kościół Świętego Krzyża [1본II]

세상 świat [9문I]

세수 mycie się [7연I]

세탁실 pralnia [7본I]

센터 centrum, ośrodek [1본II]

소금 sól [5연Ⅱ]

소문 plotka [7문Ⅰ]

소원 pragnienie, marzenia, życzenie [14본Ⅱ]

소원을 빌다 pomyśleć (sobie jakieś) życzenie
[14본Ⅱ]

소포 paczka [3연Ⅲ]

소풍날 dzień, w którym urządza się piknik [13문Ⅰ]

송편 *songpyeon* (pierożki z ciasta ryżowego)
[2본Ⅱ]

수 liczba [2본Ⅱ]

수강신청 rejestracja na zajęcia [7본Ⅱ]

수강편람 spis zajęć (przewodnik po wykładach)
[7본Ⅱ]

수건 ręcznik [6본Ⅱ]

수박 arbuz [3연Ⅰ]

수영복 kostium kąpielowy [4연Ⅲ]

수영하다 pływać (poruszać się w wodzie) [3연Ⅲ]

수표 czek bankowy [3연Ⅰ]

수학 matematyka [8연Ⅲ]

수확하다 zbierać żniwa [2본Ⅱ]

순두부찌개 *sundubu-jjigae* (zupa z dodatkiem sera
sojowego pokrojonego w kostkę)
[8본Ⅰ]

스카프 szal, szalik [15연Ⅱ]

스키장 ośrodek narciarski [14연Ⅲ]

스타일 styl [13본Ⅱ]

스튜어디스 stewardesa [5본Ⅰ]

스페인 Hiszpania [1연Ⅰ]

시 wiersz [15문Ⅱ]

시간이 나다 dysponować czasem, mieć czas [6문Ⅱ]

시금치 szpinak [5연Ⅲ]

시범 pokaz (np. sportowy), demonstracja
(np. umiejętności) [3본Ⅰ]

시설 wyposażenie (pomieszczenia) [6본Ⅱ]

시작 początek, start [7연Ⅲ]

시합 mecz, zawody [12연Ⅰ]

시험공부 przygotowywanie się (uczenie się) do
egzaminów [4본Ⅱ]

식권 talon obiadowy [8본Ⅰ]

식사 posiłek [2본Ⅱ]

식사하다 jeść [6본Ⅰ]

식탁 stół jadalny (w stylu zachodnim) [8연Ⅰ]

신부 panna młoda [9연Ⅰ]

신분증 dokument tożsamości [13본Ⅱ]

신입생 nowoprzyjęty student, uczeń, słuchacz
[2문Ⅱ]

신자 wierzący [2본Ⅰ]

신청하다 składać podanie, prośbę, zgłoszenie,
występować o CO [4본Ⅱ]

실례합니다 przepraszam (że przeszkadzam) [1연Ⅲ]

실망 zawód, rozczarowanie [13문Ⅰ]

심장 serce (w anatomii) [1본Ⅱ]

심하다 być mocnym, ciężkim [11본Ⅰ]

쌀 ryż (ziarno) [5연Ⅲ]

쌀쌀하다 być chłodnym [10본Ⅰ]

쌀을 씻다 płukać ryż [5연Ⅲ]

쓰다 używać [4본Ⅰ]

(안경을) 쓰다 nosić (okulary) [3연Ⅰ]

쓰레기 śmieci [9문Ⅱ]

쓰이다 być pisanym, używanym [14문Ⅰ]

씩씩하다 być energicznym, stanowczym [7본Ⅱ]

씻다 myć [5연Ⅲ]

◎

아기 dziecko [3문Ⅰ]

아니 nie (odmowa, przeczenie, forma poufała 반말)
[9본Ⅱ]

아무거나 cokolwiek [11문Ⅰ]

아무것도 nic [13문Ⅰ]

아무나 ktokolwiek [11문Ⅰ]

아무리 nawet jeśli, chociażby, choćby [14본Ⅰ]

아쉽다 być smutnym, wywołującym żal, smutek
[13문Ⅰ]

악기 instrument muzyczny [3본Ⅰ]

안경 okulary [3연Ⅰ]

안기다 być obejmowanym, być w objęciach
[14문Ⅰ]

안내 informowanie, naprowadzanie, kierowanie;
informacje, wskazówki [1본Ⅱ]

안녕 cześć (powitanie lub pożegnanie, forma poufała 반말) [9본Ⅱ]

안녕히 가세요 do widzenia (do osoby odchodzącej) [5본Ⅰ]

안다 objąć [14문Ⅰ]

안부 pozdrowienia [8본Ⅱ]

안부(를) 전하다 przekazać pozdrowienia (ukłony od KOGO) [8본Ⅱ]

알리다 informować, oznajmiać [8연Ⅱ]

알아보다 dowiedzieć się (zobaczyć czy) [4본Ⅰ]

앞머리 grzywka [13본Ⅱ]

앞으로 잘 부탁 드려요 polecam się na przyszłość [5본Ⅱ]

애 dziecko [4문Ⅱ]

야상곡 nokturn (forma muzyczna) [11연Ⅱ]

약간 trochę, nieco [2문Ⅱ]

약사 farmaceuta, aptekarz [11본Ⅱ]

약속하다 obiecywać [14문Ⅱ]

양복 garnitur [9연Ⅰ]

얘기 opowiadanie, mówienie O [1문Ⅰ]

얘기하다 rozmawiać, opowiadać [15본Ⅱ]

어느 który (z wielu) [1문Ⅱ]

어디나 wszędzie [13문Ⅰ]

어른 osoba dorosła, dorosły [2문Ⅰ]

어리다 być dzieckiem, w dziecięcym wieku, być młodym, niedorosłym, niedojrzałym [14문Ⅱ]

어린이 dziecko, dzieci [11연Ⅰ]

어울리다 pasować [9본Ⅰ]

언제나 zawsze [13본Ⅰ]

언제든지 kiedykolwiek, w każdym momencie [11문Ⅱ]

얼른 szybko [11본Ⅰ]

엄마 mama [7문Ⅱ]

엉망 bałagan, nieporządek [14문Ⅱ]

엉망이 되다 popsuć się, zniszczyć się, ulec zniekształceniu, zniszczeniu [14문Ⅱ]

에베레스트 산 Mount Everest, Czomolungma [1문Ⅰ]

여권 paszport [3연Ⅱ]

여학생 studentka, uczennica [9문Ⅰ]

연극 spektakl, przedstawienie teatralne [7연Ⅲ]

연락처 numer kontaktowy (np. numer telefonu komórkowego) [11본Ⅰ]

연락하다 kontaktować (się) [10연Ⅰ]

연못 staw [10본Ⅱ]

연필 ołówek [3연Ⅰ]

열리다 być otwieranym (otwierać się) [14문Ⅰ]

열쇠 klucz, klucze [6본Ⅱ]

영국 Wielka Brytania, Anglia [1문Ⅰ]

영수증 rachunek, paragon [15본Ⅰ]

옆집 dom, mieszkanie sąsiadów (tuż obok) [6연Ⅲ]

옆쪽 tamta strona [10본Ⅱ]

예고편 zwiastun filmu, zapowiedź filmowa, trailer [13문Ⅰ]

예매하다 kupić w przedsprzedaży [4연Ⅲ]

예습 przygotowanie do zajęć (uprzednie) [5연Ⅱ]

예약 rezerwacja [14본Ⅱ]

예약하다 rezerwować [4연Ⅲ]

예전 dawne czasy [8문Ⅰ]

오늘은 어떠세요? jak się pani/pan dziś czuje? [11연Ⅲ]

오래 długo, przez długi czas [5본Ⅱ]

오래되다 być od dawna, istnieć od dawna [1연Ⅰ]

오랫동안 przez długi czas [8연Ⅱ]

오르다 iść w górę, wspinać się, wchodzić na górę; rosnąć (o cenach) [5본Ⅰ]

오이 ogórek [5연Ⅲ]

온 세상 cały świat [9문Ⅰ]

온 cały [9문Ⅰ]

올라가다 wchodzić na, wspinać się na [1본Ⅰ]

올려놓다 położyć (na coś) [15본Ⅰ]

옷장 szafa na ubrania [6본Ⅱ]

완전히 w ogóle, zupełnie [10본Ⅱ]

외국인 cudzoziemiec, cudzoziemka, obcokrajowiec [2문Ⅰ]

외국인등록번호 numer karty pobytu cudzoziemca (odpowiednik polskiego numeru PESEL dla cudzoziemców) [11본Ⅰ]

외국인등록증 karta pobytu (cudzoziemca) [8본Ⅰ]

외롭다 być samotnym [9연Ⅱ]

외우다 uczyć się na pamięć [15문Ⅱ]

요금 opłata [3연Ⅲ]

요금이 어떻게 돼요? ile TO kosztuje? [15본I]

요리사 kucharz, kucharka [2연I]

요한 바오로 2세 Jan Paweł II [1본I]

우선 najpierw (przede wszystkim) [7본II]

우울하다 być przygnębionym, smutnym [7연II]

우표 znaczek pocztowy [3문I]

운동복 strój do ćwiczeń [9본I]

운동선수 sportowiec, zawodnik [2연I]

운동화 buty sportowe [1연II]

웃다 śmiać się [7문II]

원래 od dawna, pierwotnie, z natury, początkowo [8문II]

유럽 Europa [7연III]

유로 euro (jednostka walutowa) [4본I]

유물 zabytki, antyki, obiekty zabytkowe [10본I]

유익하다 być pomocnym, korzystnym, użytecznym [8연II]

유학 studiowanie za granicą [2문II]

유행 moda [13본II]

음력 kalendarz księżycowy [2본II]

음료수 napój [5본I]

응 tak (potwierdzenie, forma poufała 반말) [9본II]

이 ząb, zęby (ludzkie) [7연I]

이곳저곳 tu i tam [13연III]

이기다 wygrać, zwyciężyć [12연I]

이날 ten dzień [2본II]

이따 później (tego samego dnia), za chwilę, nieco później, potem (ale jeszcze dziś) [5본I]

이따가 później (tego samego dnia), za chwilę, nieco później, potem (ale jeszcze dziś) [10본II]

이런 taki [2본I]

이렇게 tak, w takim stopniu [9연III]

이를 닦다 szczotkować zęby [7연I]

이름이 어떻게 돼요? jak się pan/pani nazywa? [6본II]

이불 kołdra [6본II]

이사 przeprowadzka [8본II]

이사(를) 가다 przeprowadzać się [9연III]

이사하다 przeprowadzać się [8연III]

이상 więcej niż, powyżej [7연III]

이상하다 być dziwnym [13본II]

이용하다 używać, stosować [8연II]

2인실 pokój dwuosobowy [4본II]

2차 세계 대전 II wojna światowa [1본II]

이해하다 rozumieć [12본I]

익다 dojrzeć, dojrzewać (np. owoce) [8문I]

익히다 zaznajomić się [12본I]

인기 popularność [1연I]

인기가 많다 być popularnym, cieszyć się powodzeniem [1연I]

인사 pozdrowienie, życzenia, powitanie, pożegnanie [2본II]

인삼차 herbata żeńszeniowa (insamowa) [10연I]

인형 lalka [2연III]

일기 pamiętnik, dziennik [8본II]

일기예보 prognoza pogody [10본I]

일본 Japonia [7연III]

일어나다 wstawać, wstać, wydarzyć się, powstać [1본II]

1인실 pokój jednoosobowy [4본II]

1학년생 student pierwszego roku [4문I]

읽히다 być czytanym [14문I]

잃어버리다 zgubić, stracić [6본II]

입에 맞다 smakować KOMU [6본I]

입학식 immatrykulacja (uroczystość przyjęcia nowych uczniów, studentów), inauguracja roku szkolnego, akademickiego dla nowych uczniów, studentów [10연II]

입학허가서 zgoda na podjęcie studiów [4본II]

잊어버리다 zapomnieć [15연III]

ㅈ

자기소개 przedstawianie się [7연III]

자르다 ciąć, ścinać, kroić [2문II]

자리 miejsce [5연III]

자세하다 być dokładnym, szczegółowym [3문I]

작성하다 wypełnić, pisać [13본II]

잔치 przyjęcie [10본II]

잔치를 벌이다 wydać, wydawać przyjęcia [10본Ⅱ]

잘되다 udać się, zakończyć się pomyślnie
    („dobrze", „w porządku", „jak to dobrze")
    [4본Ⅱ]

잠그다 zamknąć (na klucz) [14문Ⅰ]

잠기다 być zamykanym (na klucz) [14문Ⅰ]

잠깐 chwila (pot.) [11본Ⅰ]

잠시 chwila [5본Ⅰ]

잠이 들다 zasypiać [4본Ⅰ]

잡히다 być łapanym [14문Ⅰ]

장래 희망 marzenia na przyszłość [10연Ⅲ]

장마 pora deszczowa [2문Ⅱ]

장마철 pora deszczowa [4연Ⅱ]

장소 miejsce [12본Ⅰ]

장학금 stypendium [4문Ⅱ]

장학생 stypendysta [4본Ⅱ]

재다 mierzyć, dokonywać pomiaru [5문Ⅱ]

재학생 student [7본Ⅱ]

저기요 proszę pani/pana (sposób zwrócenia uwagi
    rozmówcy) [8본Ⅰ]

저울 waga [15본Ⅰ]

적다 być nielicznym, być w małej liczbie [14문Ⅰ]

적다 zapisać [13연Ⅲ]

적응하다 zaadaptować się, przyzwyczaić się [3문Ⅰ]

전국적 ogólnokrajowy [7문Ⅱ]

전기공학부 wydział elektrotechniki [14본Ⅰ]

전날 poprzedni dzień [2본Ⅱ]

전망대 taras widokowy, taras obserwacyjny [1본Ⅰ]

전부 wszystko [5본Ⅰ]

전쟁이 일어나다 wojna wybucha, rozpoczyna się
    wojna [1본Ⅱ]

전통 tradycja [2본Ⅱ]

전통적 tradycyjny [7문Ⅱ]

전하다 przekazać, przekazywać [8본Ⅱ]

전혀 zupełnie, w ogóle [11본Ⅰ]

전화를 받다 odebrać telefon [2연Ⅲ]

전화번호 numer telefonu [1연Ⅰ]

젊다 być młodym [2본Ⅱ]

젓가락 pałeczki [3문Ⅰ]

정도 około, mniej więcej, rzędu [15본Ⅰ]

정류장 przystanek autobusowy [6연Ⅲ]

정리하다 porządkować, układać [8연Ⅲ]

정리 porządkowanie, uporządkowanie, porządek
    [7본Ⅱ]

정이 들다 poczuć przywiązanie, sympatię [13문Ⅰ]

정하다 ustalać [14본Ⅰ]

제목 tytuł, temat [4연Ⅰ]

제일 najbardziej, naj- [1본Ⅰ]

제출하다 oddać, złożyć (np. pracę, dokument)
    [12연Ⅱ]

조교 asystent (student na asystenturze) [4본Ⅱ]

조상 przodkowie [2본Ⅱ]

조선 Królestwo *Joseon* (1392-1910) [1본Ⅱ]

졸다 przysypiać, drzemać [13연Ⅰ]

졸리다 czuć senność (być śpiącym) [9연Ⅰ]

졸업 ukończenie szkoły lub studiów [15본Ⅰ]

졸업식 uroczystość ukończenia studiów lub szkoły,
    uroczystość wręczenia dyplomów,
    pożegnanie absolwentów [12문Ⅱ]

종이 papier [7연Ⅲ]

종이컵 kubek papierowy [13본Ⅰ]

주교재 podręcznik kursowy [12본Ⅰ]

주로 głównie [2본Ⅰ]

주문하다 zamawiać [6연Ⅱ]

주민등록증 koreański odpowiednik polskiego
    dowodu osobistego [15연Ⅲ]

주별 co tydzień, tygodniowo, na tydzień [12본Ⅰ]

주유소 stacja benzynowa (paliwowa) [15문Ⅰ]

주장하다 twierdzić, utrzymywać [1본Ⅰ]

죽다 umrzeć, umierać [15연Ⅲ]

줍다 podnosić, zbierać (z ziemi, podłogi),
    znaleźć (na ziemi, podłodze) [9문Ⅱ]

중 wśród, spośród [1문Ⅰ]

중간고사 egzamin połówkowy [8연Ⅰ]

중국집 chińska restauracja [9연Ⅲ]

중앙역 dworzec główny, dworzec centralny [1본Ⅰ]

중요하다 być ważnym, istotnym [2본Ⅱ]

지갑 portfel [7연Ⅰ]

지난번 miniony raz, zeszły raz [15본Ⅰ]

지난주 zeszły tydzień [9문Ⅰ]

지도 mapa, atlas, plan (miasta) [1본II]

지동설 teoria heliocentryczna [1본I]

지루하다 być nużącym, nudnym [7연II]

지폐 banknot [5연I]

지하 podziemna kondygnacja [7본I]

지하철역 stacja metra [9연III]

직원 pracownik, pracownicy [6본II]

직접 osobiście, bezpośrednio [7본II]

진도표 zakres tematów poszczególnych zajęć (harmonogram zajęć) [12본I]

진짜 prawdziwie, naprawdę [11문I]

질문하다 zadać pytanie, zapytać [10연I]

짓다 budować [11문II]

짜리 określonej wartości (po ILE, za ILE) [5본I]

짜장면 jjajangmyeon (makaron z sosem, potrawa podawana w restauracjach chińskich w Korei) [5문II]

짬뽕 jjamppong (ostra zupa z owocami morza, popularne danie w chińskich restauracjach w Korei) [9연III]

쫓기다 być ściganym [14문I]

쫓다 ścigać, gonić [14문I]

찍히다 być nadrukowanym, odbitym [15본I]

ㅊ

차다 kopać, kopnąć [14문I]

차례 tradycyjna ceremonia oddawania czci przodkom [2본II]

차례를 지내다 odprawiać charye [2본II]

차이다 być kopanym, odrzucanym [14문I]

참고문헌 bibliografia (literatura) [12본I]

창피하다 być zawstydzonym, skrępowanym, zażenowanym (wstydzić się, krępować się) [9연I]

찾아가다 odnaleźć, znaleźć [6본II]

찾아보다 szukać [7본II]

찾아오다 odwiedzić [11문I]

채소 warzywa, jarzyny [3문II]

처리하다 traktować (jako), załatwić, uporać się (z CZYM) [12본I]

처방전 recepta [11본II]

천사 anioł, aniołek [2연III]

천주교 religia katolicka, katolicyzm [2본I]

첫 pierwszy, pierwsza [14본I]

청바지 dżinsy [4연II]

청소하다 sprzątać [14연II]

체계 system [12본I]

체력 단련실 siłownia [7본I]

체온 temperatura ciała [11본I]

체육대회 zawody sportowe [3본I]

초대하다 zaprosić [11본II]

촛불 płomień świecy [14본II]

촛불을 끄다 zdmuchnąć świeczki [14본II]

최근 ostatnio [9연III]

추석 święto Chuseok [2본II]

추석날 dzień Chuseok [2본II]

추수감사절 Święto Dziękczynienia [2본II]

축구하다 grać w piłkę nożną [6문I]

축제 festyn, święto [15본II]

축하하다 składać życzenia, świętować, gratulować [14본II]

출구 wyjście [11본I]

출석 obecność na zajęciach [12본I]

취미 zainteresowania, hobby [2본I]

취소되다 zostać odwołanym, usuniętym, wykreślonym [2문I]

층 piętro [1본II]

치킨 kurczak [9본II]

친하다 być bliskim, zaprzyjaźnionym [9문II]

ㅋ

카메라 aparat fotograficzny, kamera [3본II]

칼 nóż [3연I]

커버 poszwa, poszewka [9본I]

케이크 ciasto, tort [1문I]

코끼리 słoń [1문I]

코트 płaszcz [2문I]

코페르니쿠스 Mikołaj Kopernik [1본I]

콧물 katar [11연Ⅲ]

퀴리 부인 Maria Skłodowska-Curie [1본Ⅰ]

크리스마스 Boże Narodzenie [2본Ⅱ]

크리스마스 트리 choinka [2본Ⅱ]

큰길 szeroka ulica [3연Ⅰ]

큰일(이) 나다 stać się poważnym problemem, przybrać poważny obrót [4본Ⅰ]

큰절 głęboki, niski ukłon [3문Ⅰ]

클릭하다 kliknąć (myszką) [7본Ⅱ]

키우다 hodować, trzymać w domu (o zwierzętach) [15연Ⅲ]

ㅌ

탕수육 *tangsuyuk* (mięso w sosie słodko-kwaśnym) [9연Ⅲ]

토론 dyskusja [7문Ⅰ]

토마토 pomidory [5본Ⅰ]

통 raz, sztuka (klasyfikator do liczenia np. rozmów telefonicznych, listów) [14문Ⅰ]

통장 książeczka bankowa [8본Ⅰ]

통화하다 rozmawiać przez telefon [4문Ⅰ]

특징 cechy charakterystyczne; własność, charakterystyka [12본Ⅰ]

티 T-shirt [15본Ⅰ]

티셔츠 T-shirt [13본Ⅰ]

ㅍ

파괴되다 zostać zniszczonym, ulec zniszczeniu [1본Ⅱ]

파란색 niebieski kolor [5문Ⅰ]

파랗다 być niebieskim [9문Ⅰ]

파트너 partner, partnerka [14본Ⅰ]

팔리다 być sprzedawanym (sprzedawać się) [14문Ⅰ]

팩스 faks [7연Ⅲ]

페이지 strona (np. książki) [5문Ⅰ]

펜팔하다 mieć korespondencyjnego przyjaciela/ przyjaciółkę [7연Ⅲ]

평가 ocena [12본Ⅰ]

평범하다 być zwykłym, zwyczajnym [15본Ⅰ]

평일 dzień powszedni [8연Ⅰ]

포기하다 zrezygnować, poddać się [14문Ⅰ]

표 bilet [1본Ⅰ]

푹 głęboko, mocno [11본Ⅱ]

푹 쉬다 dobrze wypocząć [11본Ⅱ]

풀다 rozwiązywać, rozpakowywać [2본Ⅱ]

프랑스인 Francuz, Francuzka [8본Ⅱ]

(꽃이) 피다 rozkwitać (kwiaty) [8문Ⅰ]

PC방 kawiarenka internetowa [13문Ⅰ]

ㅎ

하늘 niebo [3문Ⅰ]

하숙집 stancja (z wyżywieniem) [13연Ⅰ]

하얀색 biel, biały kolor [1본Ⅱ]

하얗다 być białym [9문Ⅰ]

하지만 ale [9연Ⅲ]

학과 wydział, zakład, katedra, sekcja (jednostka organizacyjna wyższej uczelni) [4문Ⅱ]

학교 축제 juwenalia [15본Ⅱ]

학기 semestr [4본Ⅰ]

학년 rok studiów [4연Ⅱ]

한가하다 być wolnym, dysponującym wolnym czasem, nie być zajętym, mieć (wolny) czas [8문Ⅱ]

한국적 koreański [7문Ⅱ]

한국전쟁 wojna koreańska (1950-53) [1본Ⅱ]

한국학 koreanistyka (kierunek studiów) [5본Ⅰ]

한참 długa chwila, dłuższy okres [3연Ⅲ]

할인 zniżka, ulga [13본Ⅰ]

합격하다 zakwalifikować się [5연Ⅰ]

합계 suma; razem, łącznie [12본Ⅰ]

항상 zawsze [2본Ⅱ]

헤어지다 rozstawać się z KIM [3문Ⅰ]

헬리콥터 helikopter [7연Ⅲ]

현관 wejście, drzwi wejściowe [8연Ⅰ]

현금 gotówka [5연Ⅰ]

현금카드 karta gotówkowa [13본Ⅱ]

호박 dynia [5연Ⅲ]

호선 numer linii (metra) [6본II]

혹시 przypadkowo (czy przypadkiem nie, czy
    może nie) [3본I]

혼자 sam, jeden, samodzielnie (bez pomocy
    innych) [4본II]

홈페이지 strona internetowa [7본II]

화장실 toaleta, WC [7본I]

확인하다 sprawdzić, potwierdzić [10본II]

환경보호 ochrona środowiska [13본I]

환율 kurs wymiany walut [5본I]

환전하다 wymienić walutę (pieniądze) [4본I]

활동 działanie, działalność [2본I]

회관 klub, centrum, dom (np. kultury),
    sala (np. koncertowa) [13본I]

회색 szarość, szary kolor [15본I]

회원가입 rejestracja (przyjęcie w poczet członków)
        [7본II]

횡단보도 przejście dla pieszych [6연III]

효과 rezultat, efekt [11본II]

후드티 bluzka z kapturem [15본I]

훌륭하다 być wspaniałym [1문II]

휴대용 przenośny [13본I]

휴대폰 telefon komórkowy [11연II]

휴일 dzień wolny (od pracy) [2본I]

희다 być białym [14문I]

흰색 biel, biały kolor [9문I]